竹原健二・人間開発シリーズⅠ

障害のある人の開発と
自立（自律）のための社会福祉

社会福祉研究者　竹原健二

本の泉社

【目次】

1. はじめに …………………………………………………… 4
2. 障害のある人の社会福祉の基本概念と法制度の概要 ……… 8
   (1) はじめに／8
   (2) 障害のある人の社会福祉等の基本概念／9
   (3) 障害のある人の社会福祉等の法制度の概要／22
   (4) 障害のある人の基本法（障害者基本法）／32
   (5) 身体障害のある人の福祉法（身体障害者福祉法）／32
   (6) 知的障害のある人の福祉法（知的障害者福祉法）／33
   (7) 精神保健及び精神障害のある人の福祉に関する法律（精神保健福祉法）／34
   (8) 発達障害のある人の支援法（発達障害者支援法）／34
   (9) 心神喪失のある人等の医療観察法（心神喪失者等医療観察法）／35
   (10) その他の法制度／35

3. 人間（障害のある人）開発と障害のある人の社会福祉 …… 43
   (1) はじめに／43
   (2) 人間の欲求及び要求と社会福祉の特徴／44
   (3) 人間開発及び発達の障害のある人の社会福祉学／49
   (4) センの福祉論／52
   (5) おわりに／55

4. 社会福祉と障害のある人の自立（自律） ………………… 60
   (1) はじめに／60
   (2) 従来の自立の諸見解と問題点／61
   (3) 筆者の自立論／64
   (4) 自立の課題／70

5. 障害のある人の総合支援法の矛盾と課題 ………………… 77
   (1) はじめに／77
   (2) 障害のある人の総合支援法とは何か／78
   (3) 障害のある人の総合支援法の矛盾／88
   (4) 障害のある人の総合支援法の課題／93

1. はじめに

　障害のある人の身体障害者福祉法・知的障害者福祉法及び総合支援法自身及び障害のある人の身体障害者福祉法・知的障害者福祉法及び総合支援法の時事問題の批判的検討は、一般的に行われており重要である。しかし障害のある人の身体障害者福祉法・知的障害者福祉法及び総合支援法の本質の解明は、「法的（障害のある人の身体障害者福祉法・知的障害者福祉法及び総合支援法等の法制度—挿入、筆者）諸関係……、それ自身で理解されるものでもなければ、またいわゆる人間精神（障害のある人と共に生きる福祉の精神、障害のある人へのボランティアの精神、障害のある人の親の扶養責任の精神、障害のある人への愛の福祉精神、障害のある人の自立の精神及び自己責任の精神等—挿入、筆者）の一般的発展から理解されるものでもなく、むしろ物質的な生活諸関係、そういう諸関係に根ざしている」（カール・マルクス【武田隆夫・その他訳】『経済学批判』岩波書店、1956年、12-13頁）ので、その本質解明は資本主義社会の生産様式（生産様式は、生産力と生産関係の統一である）との関連で解明されなければならない。ところが「従来の福祉（障害のある人の福祉—挿入、筆者）国家論は常に資本主義的生産関係を前提にしていた。あるいは福祉（障害のある人の福祉—挿入、筆者）国家は、生産関係とは無関係な人間（障害のある人—挿入、筆者）の権利に関する問題であるとされてきた」（聽濤弘著『マルクス主義と福祉国家』大月書店、2012年、148頁）。それ故、筆者は障害のある人の福祉を「人間（障害のある人—挿入、筆者）の権利（「権利というのは、社会の経済的な形態、およびそれによって条件づけられる社会の文化の発展よりも高度ではありえないのである」〔マルクス／エンゲルス・後藤洋訳〕『ゴータ綱領批判』新日本出版社、30頁）に関する問題であること」を堅持し

発展させていくと同時に、資本主義社会の生産様式との連関で障害のある人の社会福祉の批判的検討をしていくことが科学＝弁証法的唯物論及び史的唯物論（障害のある人の福祉観察や障害のある人の福祉実践・障害のある人の福祉労働によって実証していく法則的・体系的知識）方法であると考えるし、しかもアソシエーション社会における障害のある人の福祉も展望している。そして従来の障害のある人の福祉論は、科学方法論が欠けている為、障害のある人の福祉の本質を看過した現象論（社会福祉基礎構造改革後の障害のある人の総合支援法に順応した障害のある人の福祉概論、障害のある人の福祉の変容の解釈論及び障害のある人の福祉のモデル論、実用的な障害のある人の福祉実践論、歴史的かつ障害のある人の福祉問題性を看過した単なる実証主義的な障害のある人の福祉論、権威者の先行研究著書の単なる継承の発展のない障害のある人の社会福祉論の教条主義的な啓蒙論、外国の障害のある人の福祉の啓蒙論等）が多い。そして「財貨（生活保護費及び障害のある人の年金、障害のある人の総合支援法によるサービス等―挿入、筆者）の支配は福祉（障害のある人の生活過程における健康で文化的な状態―挿入、筆者）という目的のための『手段』であって、それ自体として目的にはなり難い。」（アマルティア・セン〔鈴木興太郎訳〕『福祉の経済学』岩波書店、44頁）。「従来の福祉（障害のある人の社会福祉―挿入、筆者）観がどちらかというと財貨（生活手段―挿入、筆者）の側に視点を置いて平等な福祉（障害のある人の社会福祉―挿入、筆者）観を論じてきたのに対して、視点を180度転換して、人間（福祉利用の障害のある人―挿入、筆者）の側に移したのです。生存に必要なさまざまなモノ（障害のある人の福祉労働によるサービスそのモノあるいは障害のある人の総合支援法・生活保護法の法制度そのモノの生活手段―挿入、筆者）は、人間（福祉利用の障害のある人―挿入、筆者）にあたって不可欠なものであるが、そのモノ（障害のある人の福祉労働〔施設の建物モノや施設内で提供される食事等の障害のある人の福祉労働手段も含む〕によるサービスその

モノあるいは障害のある人の総合支援法・生活保護法の法制度そのモノの生活手段―挿入、筆者）の価値はそれを活用する人間（福祉利用の障害のある人―挿入、筆者）の潜在能力によって可変的である。したがって、人間（福祉利用の障害のある人―挿入、筆者）生活の福祉を考える場合にはモノ（障害のある人の福祉労働によるサービスそのモノあるいは障害のある人の総合支援法・生活保護法の法制度そのモノの生活手段―挿入、筆者）それ自体ではなく、それを活用して生きる人間（福祉利用の障害のある人―挿入、筆者）の潜在能力に視点を移して、その発展を考えなければならない、[2]」（傍点、筆者）と明言する事ができるが、しかし筆者は人間（福祉利用の障害のある人）が生きていく為には衣食住（モノ）が絶対的に必要なので、障害のある人の福祉労働によるサービスそのモノあるいは障害のある人の総合支援法・生活保護法の法制度そのモノの生活手段と生活手段そのモノを使用して生きる人間（福祉利用の障害のある人）の生活活動（機能）の基盤である人間らしい健康で文化的な潜在能力（抽象的人間生活力＝人間が生活する際に支出する脳髄・神経・筋肉等を意味する・抽象的人間労働力＝人間が労働する際に支出する脳髄・神経・筋肉等を意味する）の維持・再生産・発達・発揮を統一的に捉えていく事が重要であると考える。また、野上裕生氏が指摘されているように、「ひと（障害のある人―挿入、筆者）が生きていることを実感できるのは、(生活手段の使用価値を活用して―挿入、筆者）日常の生活や社会活動を十分に行っている時の方が多い。そうすると、福祉を見るときには親及び障害のある人の所得＝貨幣（生活手段―挿入、筆者）や余暇だけではなく、実際の人（障害のある人―挿入、筆者）の生活活動（機能）の状況を詳しく見た方がよい。しかし、日本語の『福祉』や『幸福』といった言葉はひと（障害のある人―挿入、筆者）の具体的な活動から離れた抽象的なものになりがちである。」（傍点、筆者・【野上裕生「アマルティア・センへの招待」絵所秀樹紀・山崎孝治編『アマルティア・センの世界』晃洋書房、2004年、2頁】）つまり、「ひと（障

害のある人―挿入、筆者）は財や所得（資源）を使って生活上の必要を充たし、健康を維持し、その結果、歓びや失望を経験する。だからひと（障害のある人―挿入、筆者）の生活の良さを評価するには（障害のある人が社会問題としての生活問題から克服していく状況を評価するには―挿入、筆者）、このような人（障害のある人―挿入、筆者）の生活過程全般をきめ細かく見なければならない。」（野上、前掲書、2頁）

　さらに述べておきたい事は、障害のある人の福祉の世界で「世を動かすほどの論争がまったくなくなってしまった。それぞれが自分の持ち場で紳士的にものをいい、『他流試合』をしなくなってしまった。これは一種の『知的頽廃』現象である。論争がなければ世の中は変わらない。……いま誰か一人が『正解』を持っているほど単純な世界ではない。意見はいろいろある。……意見を交換し論争も行い進歩に向けて大きな輪をつくっていくことが求められている。」（聴濤、前掲書、194-195頁）と言う言葉に感銘した。筆者のこの著書が論争の契機になれば望外の喜びである。

2. 障害のある人の社会福祉の基本概念と法制度の概要

(1) はじめに

　ここでは、筆者の障害のある人＝the handicapped（本書で「障害者」と言う用語を使用しない理由は、「障害者」と言う用語が恰もその人の全人格を決定づけ、他者と完全に異なる社会的集団【social group】であるかのような誤解を与え易いからである）の社会福祉（social welfare）の基本概念（fundamental concept）と法制度（legal system）の概要を解説し、障害のある人の社会福祉（social welfare of the handicapped）を容易に理解できるようにガイダンスを与えたい。ところで、障害のある人が人間らしい健康で文化的な生活（a healthy and cultural life like a decent human being）の維持（maintenance）・再生産（reproduction）・発達（development）を成就（accomplishment）していく上で、財政的（financial）かつ障害のある人の社会福祉の具体的提供（concrete offer）等の公的責任（public responsibility）の保健（health service）及び医療（medical treatment）・福祉（welfare）・教育（education）・所得（income）・住宅（house）等の生活手段＝means of living（保健及び医療・福祉・教育等の人間労働（human labor）の生活手段は、一般的な生活手段とは違って、利用者（user）の享受能力（the enjoyment ability）を引き出してくれる特殊な生活手段である）は、社会的及び共同的資源として重要である。そして、我が国の日本国憲法（constitution of Japan）は、基本的人権（fundamental human rights）の享有、幸福追求権（happy pursuit right）と伴に生存権的平

等保障（right to live and equal security）を規定し、併せてそれに対する国の責務（responsibility in country）を規定している。さらに、地方自治法（local autonomy law）では、地方自治体（local government）の責務として障害のある人も含めた住民の安全（resident's safety）、健康（health）、福祉（welfare）を保持する事を規定している。

　こうした規定からすれば、公的責任（public responsibility）による障害のある人の社会福祉の責務が問われなければならない。ところが、1980年代に入ると新自由主義思想（neoliberalism thought）の影響を受けた日本を初めとした先進資本主義（advanced capitalism）の多くの国で、障害のある人の社会福祉も例外なく改悪（deterioration）が行われ、受益者負担（burden by the beneficiaries）の強化と市場福祉（market welfare）が促進された。こうした状況下で、『福祉が人を殺す時』と言う衝撃的な本が示すように、人間らしい健康で文化的な生活保障の社会福祉の阻害が進行している。筆者自身の独創的な本書の障害のある人の社会福祉は、現在の障害のある人の社会福祉を根本的かつ理論的に批判したものである。

(2) 障害のある人の社会福祉等の基本概念

①障害のある人の生活問題とその人の像

　生活問題（life problem）は、「人間らしい生存の維持や生活の維持・再生産に障害や困難が生まれている状態。はじめは労働問題（labor problem）が生活面（life side）で反映し現れるものであったため、貧困（poverty）・低所得（low income）の階級（class）・階層（layer）の労働＝生活問題として認識されていた。……生活問題の社会的背景（social background）やファクターが多岐に及ぶようになり、マイノリティの生活問題からマジョリティの生活問題に変貌してきている。この変貌（transfiguration）は社会の諸矛盾（various contradiction of society）が深まり広がったことによっている。……大事なことは生活問題を社会問題（social problem）として把握することであり、このことによって社会的・公的責任としての社会福祉（social welfare as public responsibility）、権利としての社会福祉（social welfare as right）が裏付けられる[1]。」こうした生活問題を踏まえて次に重要なのは、河野正輝氏が指摘されているように、障害のある人をどのように捉えるかである。と言うのは、「障害のある人を生活の自立主体性（independence subjectivity of life）に著しく欠ける、又はこれを失った人々と見なせば、社会福祉の一方的な対象として捉えられ易い。一方、障害のある人が歩行（walking）・食事（Meal）・排泄（excretion）・入浴（bathing）等の日常生活能力（daily life ability）の不足（shortfall）・欠如（Lack）故に人間らしい健康で文化的な生活の維持（maintenance）・再生産（reproduction）・発達（development）・発揮（exercise）が阻害されている人々と見なせば、生活問題及び障害のハンディキャップに応じて相談（consultation）・指導（guidance）・介護（nursing）・リハビリテーション（rehabilitation）等の個別的な障害のある人の社会福祉を受ける一定の権利（right）を受ける必要があるのみならず、それと同時に自己決定（self-decision）、プライバシーの保障も必要である[2]。」それ故に障害のある人を社会福祉の権利主体者（right subject person）として捉える事が重要である。

②生存権（right to maintaining decent living）

第二次大戦後に制定された生存権（憲法第25条）は、人類の長い歴史において遺棄されたり、慈善（charity）の対象として扱われたりした障害のある人にとって、人権保護（protection of human rights）の基盤として意義を持つものである。しかし、生存権のプログラム規定説＝program regulation theory of right to live（生存権のプログラム規定説は、生存権を具体的権利とする為の法律上の保証規定（guarantee regulation of ipso jure)が存在しない事等を根拠に、憲法第25条は個々の国民が直接に国家に対して具体的・現実に権利としての生存権を有する旨を定めたものではなく、従って国の生存権保障義務も単に政治的及び道徳的義務（political, moralistic duty）に留まるものとする）が最高裁判所（supreme court）の支配的考え方の現状において、多様な制限を受けている。「たとえば、生活保護法（Daily Life Security Law）の前提理念（assumption idea）として存在する生活の自助原則＝self-help principle of life（に規定されて、その給付水準は一定程度制限されるし、親族扶養優先の原則（principle of relative supporting priority）をはじめとする保護の補足性の原理（principle of supplementary of safeguard）も権利としての生活保護受給者の可能性を現実的にさまざまに制約しているのである。また、現行の年金制度も勤労収入のない重度障害者（the severely handicapped）の生存権を保障するシステムにはなりえていない[3]」と言う制限を受けている。こうした現況下においては、憲法上の抽象的理念（abstract idea in constitution）を具体化した法律を制定していく必要がある。

③自立（自律＝independence）

　障害のある人が社会福祉を主体的に利用し、自らの人間らしい健康で文化的な生活の維持・再生産・発達を成就していく事が重要である。従来の自立論（independence theory）を見ると、独力的自律論＝autonomy theory for oneself（この自律論は、他者及び社会福祉等の依存からの脱皮を自立と考える）、独力的自己管理＝self-management for oneself（この自立論は、他者及び社会福祉等の支援が問題ではなく、生活における自己決定（self-decision）、即ち他者から拘束されず、独力で自らの生活（own life）の在り方を考え決定する事を尊重し重視するものである）である。筆者の自立論は、共同（joint）＝集団（group）の中で、他者及び社会福祉（客体的側面＝object aspect）等を前提条件として、障害のある人（主体的側面＝（independent aspect）が主体的に客体的側面に働きかけ、自立に必要な社会福祉等を選択し決定する事によって、自らの生活を計画（plan）し管理（management）する事であると定義する。

④機会平等（equality of opportunity）

　障害のある人の基本法第3条第2項の基本理念では、「すべて障害者は、社会を構成する一員として社会、経済、文化その他あらゆる分野の活動に参加する機会を与えられるものとする[4]」と規定され、機会平等の規定（regulation of equal occasion）が見られる。しかし、関川芳孝氏が指摘されているように、我が国における機会平等の法理（【principle of law equal occasion）は、形式平等論（equality theory of form）である。つまり、「憲法第14条『法の下の平等（equality under the law）』の趣旨は、あくまでも国家による『法的取り扱いの不均等の禁止（ban of inequality of legal handling）』にあり、したがって『形式的不平等（Formal inequality）』を求めるものと理解されてきた[5]。」それ故、「障害者をとりまく生活環境（life environment）の現実からもうかがい知ることができるように、形骸化し実質的な意味をなさないようにみえる。たとえば、言語障害者（speech disturbance person）が支持する候補者の選挙応援として言葉の代わりにビラを配布し公選法の法定外文書配布違反（distribution of document outside legal breach of Public Office Election Law）に問われた玉野訴訟判決等はその典型といえる。この事件では、この法律の適用が憲法第14条違反であるかどうかが争点の一つとなったが、高等裁判所は次のように判示している。弁護人は、当審弁論において、公選法の右各規定を言語障害者に適応することは、憲法第14条1項の法的取り扱いの不均等の禁止（ban of inequality of legal handling）を意味するにとどまり、現実に社会に存在する経済的、社会的その他種々な事実上の不均等を理由に公選法の右各規定を言語障害者に適応することが憲法第14条1項に違反するということはできない[6]。」こうした我が国の形式的

な機会不平等（inequality of occasion）の取り扱いの現況下で、機会平等の法理を実際上存在する社会的及び経済的不平等をも是正するものとして捉えたアメリカの「障害に基づく差別の明確かつ包括的な禁止を確立するための法」（Americans with Disabilities Act）は参考になる。その法律では、①従業員15名以上の事業所における雇用上の差別の禁止（ban of discrimination on employment in business establishment）、②連邦政府及び州政府、その他の自治体による公共サービス及び公共交通機関の利用にかかわる差別の禁止（ban of discrimination related to use of public service and public transportation facility）、③ホテル及びレストラン、銀行等の不特定多数の者が利用する民間の公共的な施設の利用にかかわる差別の禁止（ban of discrimination related to use of public facilities）、④聴覚障害（auditory disturbance）のある人や言語障害のある人によるテレコミュニケーション通信の取り次ぎをめぐる差別の禁止（ban of discrimination over relaying telecommunications communication）と言う4つの領域について、差別の禁止を規定している[7]。

⑤ノーマライゼーション（normalization）

　ノーマライゼーションの父と呼ばれたバンクーミケルセンは、「ノーマライゼーションの原理それ自体は障害者、ここでは知的障害者（intellectual disorder person）が他の市民と同じ権利と義務をもつべきだという考え方以上のことを表しているわけではない。……ノーマライゼーションは知的障害者をいわゆるノーマルな人にすることを目的にすることを目的にしているのではない。……知的障害者はいわゆるノーマルではないいくつかの側面をもつグループとして定義される、ということを認めなければならない。目標とされているのは、正常性（normalcy）ではなくノーマライゼーション（normalization）なのである。ノーマライゼーションとは知的障害者をその障害と共に（障害があっても）受容することであり、彼らにノーマルな生活条件

（normal life condition）を提供することである。すなわち最大限に発達できるようにするという目的のために、障害者個人のニードに合わせて支援・教育・トレーニングを含めて、他の市民に与えられているのと同じ条件を彼らに提供することを意味している[8]」。そして、「ノーマライゼーションは平等という観点によって効果のあるものとなる。ノーマライゼーションはすべての人々のための、すべての市民的、人間的権利（human right）をめざす戦いのひとつなのである。……それはすべての人間を完全かつ十分に、その人の身分や出生後の変化に変わりなく、平等な市民（the equal citizens）として受け入れることである[9]。」「このように、ノーマライゼーションという言葉は、『社会におけるある尺度を一般化させ当たり前にしていく』という考え方（理念的側面＝idea aspect）と、求める状態像（方法論的側面＝methodological aspect）という二つの側面を統合したものと理解できる。理念的側面とは『障害者や高齢者などの生活上の不利（handicaps）を負いやすい人たちを当然に包含するのが通常の社会であるということ』を示し、方法論的側面とは『そのような人たちを隔離的に処遇するのではなく、家族や地域社会のなかで日常的な生活が可能となる施策を講ずるということ』を示している[10]。」

⑥リハビリテーション（rehabilitation）

リハビリテーション（rehabilitation）は、「『機能回復訓練＝function recovery training』だけではなく、『人間らしく生きる権利の回復＝recovery of Right to live humanly』（全人間的復権＝target restoration between well-rounded person）が本来の意味である。機能回復訓練は、この大目的を達成するための手段の一部を目指すものでしかなく、それも決して本質的な部分ではない[11]。」つまり、「リハビリテーションをたんに疾病者（disease person）、高齢者（senior citizen）、障害者（handicapped person）の『機能回復』『訓練』に限定しないで、『全人的復権＝well-rounded person restoration』として

使われるようになってきている。人は、生まれながら人間たるにふさわしい尊厳（dignity）や権利（right）などをもっているが、社会の偏見（prejudice of society）や政策（policy）の誤りなどのさまざまな理由によって、尊厳や権利が奪われた人に対して、全人間的な立場に立って本来あるべき姿に回復するのが当たり前であるととらえられるようになってきたのである[12]。」

⑦エンパワメント（empowerment）

エンパワメント（empowerment）は、「社会や組織において自らを統制する力を奪われた人々がその力を取り戻すプロセスや成果を含意し、心理的、政治的、経済的、社会的な諸側面および個人、家族、組織、地域、国家の諸レベルに連動的に関与し、各レベルへの相乗効果を持つことが特徴的であるとされる[13]。」そして、「障害者の地域社会で生きていくための自立を支援していく障害者福祉の視点から見ると、『エンパワメントとは、問題を抱えた人自身が自己決定と問題解決能力をつけていくという考え方』と受けとめることができる。どんな重い障害を抱えていようとも、自らの主体性を取り戻していくプロセスがエンパワメントであり、その結果が自立生活という姿となって結実していくというものである。つまり、エンパワメントしていくことは、『障害者のハンディキャップやマイナス面に着目して援助するのではなく、長所・力・強さに着目して援助することで障害者が自分の能力や長所に気づき、障害者自身に自信が持てるようになって主体的に生きようとすることを目指す』ものである[14]。」

⑧インクルージョン（inclusion）

インクルージョン（inclusion）は、「障害児を含むすべての子どもをまずもって通常学校システムに包摂して、そこを出発点にして必要な特別な教育的対応をとることをめざす思想と実践とされている[15]。」そして、「インクルージョンでは、『本来的にすべての子どもは特別な教育的ニーズを有するのであるから、さまざまな状態の子どもたち

が学習集団に存在していることを前提としながら、学習計画（learning scheme）や教育体制（educational system）を最初から組み立て直そう』とされており、地域の通常学級（mainstream school in region）や学校（school）に通うためには、個別に計画されたカリキュラムの作成が強調されている[16]。」「そのために、すべての子どもを排除しない、個別のニーズに応える学校・地域社会をつくっていくインクルージョンの理念を掲げ、教育にかかわる者全員が協力して障害のある子どもに対する新しい教育の姿をひとつひとつ築き上げていくことが必要である[17]。」

⑨機能（functioning）

「ひとの福祉（well-being）について理解するには、われわれは明らかにひとの『機能（functioning）』にまで、すなわち彼／彼女の所有する財とその特性を用いてひとはなにをなしうるかにまで考察を及ぼさねばならないのである。……機能とは、ひとが成就（accomplishment）しうること―彼／彼女が行いうること、なりうることである[18]。」つまり、「アマルティア・センは『福祉』」を考える時には、社会状態（social state）の制約の中でひとが財貨（money and property）などを使って実現できる活動やあり方に焦点を当てていくことを強調する。このように、アマルティア・センの言葉では『ひとがなしえること、あるいはなりうるもの』のことを、センはファンクショニング（機能）という言葉で表現する[19]。」

⑩潜在能力（capability）

アマルティア・センは自転車を例にして、潜在能力（capability）を次のように述べている。「自転車は運搬という特性を持っているが、これを使うひとは、移動できるという能力を持つことができる。この時に、もし本人が移動ということに歓びを感じれば、そこに効用が生まれる。このように考えると、財から特性、ファンクショニングを実現するための能力を通じて効用へと至る一連の連関が生まれる。生活水準

（living standards）で一番よいのは、この能力の部分であろう、とセンは考える[20]。」つまり、「ケイパビリティはひとがどのようなファンクショニングを実現できるか、その選択肢の広がり（extension of alternative）を示すことによって実質的な自由（substantial liberty）を表現しようとする概念である。それは資源（resources）や財（fortune）、機会（occasion）を福祉に変換（conversion）する能力（ability）である[21]。」

⑪コミットメント（commitment）

コミットメント（commitment）は、「自分の福祉が下がることを知った上で、あえて自分が価値を認める行動を選択することをコミットメントと呼ぶ[22]。」例えば、あるケースワーカーが今日の生活保護の抑制行政（control administration of public assistance）の問題点を知り、自分の昇格に不利になる事を知った上で、生活困窮者（poor and needy）の人間らしい健康で文化的な生活保障（human, healthy, cultural life security）の為に上司に抗議する事である。「またセンのコミットメントは共感（sympathy）」とも違う。他人が虐待（cruel treatment）を受けている事実を知って心を痛めることは共感である。心は痛まないが虐待は間違っていると考えて、それを是正（correction）するような何らかの行動をとることはコミットメントである[23]。」

⑫行為主体性（agency）

「ひとが責任ある個人として自由で主体的に活動できる存在であることをアマルティア・センは『エージェンシー』」（agency）という言葉で表現している[24]。」そして、「エージェンシーとしての人間が求める目的には、その人自身の福祉も含まれる。したがって、アマルティア・センものべているように『エージェンシーというひとの側面は、福祉（well-being）の側面よりは、もっと広い範囲のひとのあり方をみたものであって、その中には様々なことが達成されることに価値

（worth）を見出すこと、またそれらを自分の目的にして実現させていくことへの能力も含んでいる』ということになる[25]。」

⑬弁証法的唯物論（dialectical materialism）

弁証法的唯物論（dialectical materialism）の主要な特徴は次のような点にある。「①唯物論的（唯物論の主要な特徴は、物質が精神から独立して客観的に存在していること、精神は客観的実在【objective reality】から生じること、人間の精神【human spirit】は、客観的実在の反映（reflection）である事等）であると同時に弁証法的（弁証法は、世界のすべての事物はたがいに関連しあいながら、たえず運動【movement】し、変化【change】し、発展【development】しているとみる見方であること、世界を変革するという実践の立場【standpoint of a practice】に立ち、かつ真理の基準【basis for the truth】として実践の意義【meaning of a practice】を明らかにしたこと等）である[26]。」

⑭生産様式（a mode of production）

財貨の生産（production of money）は人間が生存する為の一般的な永久の条件で在り、何を使用してどう言う方法で社会的生産を行うかを生産様式（a mode of production）と言う。そして生産様式は生産力（productive capacity）と生産関係（the relations of Production）との統一である。生産における人間と人間との関係が生産関係であるが、生産関係の性格はだれが生産手段＝means of production（労働手段＝means of laborと労働対象＝labor object）を所有（possession）しているかによって決まる。

⑮価値（value）

価値（value）の実体は抽象的人間労働＝abstract man labor（人間が労働の際に支出する脳髄（brain）・筋肉（muscle）・神経（nerve）等を意味する）が結晶したものである。例えば、生産するのに同じ社会的に必要な労働時間（socially necessary working hour）によって生産された生産物（produced products）は同じ量の抽象的人間労働を含んだ物として交換される

⑯**使用価値（value in use）**

　現代資本主義社会（contemporary capitalism society）における障害のある人の社会福祉の現象（phenomenon）は、社会福祉労働（社会福祉労働手段も含む）以外のボランティア活動（volunteer work）や非営利活動（unprofitable activities）が拡大しているとは言え、支配的には多様な社会福祉労働（social welfare labor）の分野に分かれ、多様な社会福祉労働を媒介として行われている。つまり、社会福祉労働は、「①金銭給付及び貸付（money benefit and lending）、②福祉施設提供（welfare institution offer）、③生活補助設備、器具の提供（offer of life auxiliary equipment and apparatus）、④機能回復・発達のための設備、器具の提供（equipment for functional restoration and development and offers of apparatus）、⑤生活の介助・介護（help and nursing of life）、⑥予防・治療のための医療給付（medical benefit for prevention and treatment）、⑦生活指導を含む機能回復・発達のためのリハビリテーション給付（rehabilitation benefit for functional restoration and development including lifestyle guidance）、⑧職業訓練給付（vocational training benefit）、⑨診断・あっせん処置を含む相談などの人的手段を通じた直接的な現物給付（immediate benefit in kind through human means of consultation etc. including diagnosis and mediation treatment）、⑩問題発見や解決のための調査活動（activity of investigation for problem discovery and solution）、⑪問題解決のための社会資源の媒介・調整や社会的認識向上のための広報活動（intermediary, adjustment of social resources for problem solving, and publicity campaign for social knowledge improvement）、⑫問題解決のための地域住民や関係団体、関係施設などの組織活動（local populace for problem solving, affiliate, and organizational activity such as dealings facilities）、⑬社会資源の有効活用のための連絡調整活動などの間接手段の提供（offer of indirect means of liaison and coordination activity etc. for effective use of social resources）」（真田是編『社会福祉労働』法律文化社、1975年、42頁）として見られ、しかも多くの場合、これらの社会福祉労働は複合的に行われ、また、歴史の発展過程（developing process of history）においてその社会福祉労働の量と質は相違する。とは言え、これらの事実の現象の認識（recognition of phenomenon of fact）に留まるのではなく、これらの事実の現象の内的関連（inner relation of phenomenon of fact）と相互依存性（interdependency）とにおいて、社会福祉労働の二つの要因を分析していく必要がある。

　とするならば、社会福祉労働は第一に、外的対象であり、その社会福祉労働が福祉労働手段と伴に福祉利用の障害のある人に対象化・共同化される事によって、福祉利用の障害のある人の何らかの種類の欲望（Desire）を満足させるものである（つまり、福祉利用の障害のある人が人間らしい健康で文化的な抽象的人間生活力〔抽象的人間生活力とは、人間が生活の際に支出する脳髄、神経、筋肉、感官等の労働力を意味する〕・抽象的人間労働力〔抽象的人間労働力とは、人間が労働の際に支出する脳髄、神経、筋肉、感官等の労働力を意味する〕の維持・再生産・発達を行う事ができる欲望を満たす事）。この欲望の性質は、それが例えば物質的生産物＝material product（福祉施設、福祉機器、生活保護制度の金銭給付等）で生じようと、人的サービス＝human service（ホームヘルプサービス等）あるいは物質的生産物と人的サービスとの併用で生じようと、少しも社会福祉労働（福祉労働手段も含む）の使用価値の事柄を変えるものではない。重要なのは、社会福祉労働が福祉労働手段（social welfare labor means）と伴に福祉利用の障害のある人に対象化共同化される事によって、福祉利用の障害のある人の人間らしい健康で文化的な抽象的人間生活力（human, healthy, cultural, abstract man life power）・抽象的人間労働力の維持・再生産・発達に部分的あるいは全体的に関係しているという事実である。そ

して、福祉利用の障害のある人の人間らしい健康で文化的な抽象的人間生活力・抽象的人間労働力の維持・再生産・発達に部分的あるいは全体的に関係していると言う事は、二重の観点から、即ち質と量の面から分析されていく必要があるが、その有用性は使用価値（value in use）にする。しかし、この使用価値は空中に浮いているのではない。この使用価値は、社会福祉労働の実体の所属性に制約されているので、その実体なしには存在しない。それ故、障害のある人の社会福祉労働における人的サービスの提供そのもの、生活手段（means of living）提供そのもの、金銭給付そのもの等が使用価値なのである。そして、使用価値は、どれぐらいの人的サービス、どれぐらいの生活手段、どれぐらいの金銭と言ったような、その量的な規定性が前提とされ、また、実際の使用によってのみ実現される。さらに使用価値は、どんな社会体制の障害のある人の福祉活動・労働は、原始共同体の相互扶助活動（reciprocal help activity of primitive community）、奴隷社会における都市国家の救済制度（salvation system of city-state in slave society）、封建社会における農村の荘園の相互扶助活動及びギルドの相互扶助活動（reciprocal help activity of manor in farm village and reciprocal help activity of guild in feudal society）・慈善活動と絶対王制下の救貧制度（relief of the poor system charity work and absolutely under monarchy）、現代資本主義社会の障害のある人の社会福祉（social welfare of person who has impediment to contemporary capitalism society）にも存在しており、障害のある人の社会福祉労働の素材的な内容を成している。

⑰剰余価値（surplus value）

　単に使用価値・価値を形成するだけでなく、剰余価値（a surplus value）も形成する。と言うのは、土台（資本主義的経済構造）に規定された国家は、社会福祉のような「『人間投資』は、経済発展（Economic development）の基底（経済発展の基底は利潤で在り、利潤の源泉は剰余価値である）を成すもの、経済発展がそこから絶えず養

分を吸収しなければならないものであり、経済の発展に背くものではなく、その発展と伴にあるものである」（1959年度版『厚生白書』、13頁）と考えており、購入した価値（社会福祉労働者の抽象的人間労働力）が、福祉労働の為に必要な労働力商品の価値総額よりも高い事を欲するからである。国家は、社会福祉労働者に労働力の価値（賃金）を支払うが、社会福祉労働者が一労働日（一日の労働時間）中に福祉利用の障害のある人に対象化・共同化した価値は、社会福祉労働者自身の労働力の価値とこれを超過する部分とを含む。即ち一労働日は、必要労働＝支払い労働と剰余労働＝不払い労働との二つの部分からなるのである。このように、福祉労働の過程（process of welfare labor）での剰余労働（surplus labor）によって作り出された部分の価値を剰余価値と言う。

(3) 障害のある人の社会福祉等の法制度の概要

①障害のある人の総合支援法（障害者総合支援法[27]）

ア、障害のある人の総合支援法の要点[28]

（ア）市町村を提供主体としてサービスの一元化及び支給決定手続きの明確化

支援（support）を必要とする障害のある人は都道府県（prefectures）が指定する相談支援事業者（consultative support undertaker）或いは障害のある人自身により市町村（cities, towns, and villages）に申請を行う。その後、市町村は障害程度区分（impediment level division）を認定し、給付サービス内容（content of benefit service）と量の決定を行う。支給決定（supply decision）の際に、サービス利用計画（service use plan）の作成の過程の中でケアマネジメント（care management）が行われる。

（イ）サービス体系

障害のある人の社会福祉では、長期入所（長期入院）の解消、地域

生活支援が大きな柱であり、それぞれの施策は、その大きな流れの中にある。新しいサービス体系（new service system）では、介護等給付（benefit like nursing etc）、訓練給付（training benefit）と言った給付内容（content of benefit）による群分けに移行する。

（ウ）応能負担原則（respondent capacity burden principle）

サービスを利用する障害のある人の負担は、家計の負担能力に応じたものとするのが原則で、市町村は、厚生労働大臣が定める基準により算定した費用の額から、家計の負担能力その他の事情を斟酌して政令で定める額（政令で定める額を大臣が定める基準により算定した費用の額の1割を超える場合には、1割の額）を控除した額について、福祉利用者（welfare user）に対して、介護給付又は訓練等給付費を支給する事とされる。なお、食費・光熱費は実費負担である。

イ、障害のある人の総合支援法の推進体制[29]

障害のある人の総合支援法（handicapped person synthesis support law）の推進の為には、市町村による障害福祉計画（welfare for the disabled plan）の策定（法律上の義務）と、市町村における地域生活支援事業＝regional life support business（特に相談支援事業＝consultation support business）を円滑に推進する為に地域自立支援協議会（regional independence support council）の設置が障害のある人の自立支援法改正により決定された。市町村における障害福祉計画の内容は、障害のある人の福祉サービス（訪問系サービス＝visit system service、日中活動系サービス＝activity system service in daytime、居住系サービス＝abode system service）、相談支援事業所＝consultation support business establishment、地域生活支援事業＝regional life support business（相談支援事業＝consultation support business、コミュニケーション支援事業＝communications support business、日常生活用具給付事業＝daily life tool benefit business、移動支援事業＝movement support business、地域活動支援センター＝local activity support center等)の必要量と見込み量の3年間の推計と必要量の確保に関する方策の計画である。特に、これまでの計画に繋がった事は、必要量と見込み量の推計の中に、入所施設(admissive facility)あるいは精神科病院(psychiatry department hospital)から地域に移行する人の推計を入れる点である。障害のある人の総合支援法を円滑に進める為に関係機関の連携と協議を行う場として、自由な名称による地域自立支援協議会(regional independence support council)が市町村ごとに設置される事が規定されている。地域自立支援協議会の業務には、関係機関の連携(cooperation of dealings institution)・ネットワーク化(networking)、相談支援事業者(consultation support undertaker)の委託の検討及び業務の点検、社会資源の開発等がある。

ウ、障害のある人の社会福祉の種類・内容[30]

　障害のある人の総合支援法に基づく社会福祉サービスは、介護給付(nursing care benefit)、訓練等給付(benefit like training)、自立支援医療(independence support medical treatment)、補装具(prosthetic appliance)、地域生活支援事業(regional life support business)から成っている。

　　(ア) 介護給付(nursing care benefit)

　介護給付には、居宅介護(home nursing)、重度訪問介護(serious home-visit care)、同行援護(accompaniment covering)、療養介護(recuperation nursing)、生活介護(life nursing)、短期入所(short-term be imprisoned)、重度障害のある人等の包括支援(inclusive support such as the people who have serious impediment)、共同生活介護(symbiosis nursing)、施設入所支援(facilities be imprisoned support)がある。

サービス	サービスの内容
居宅介護（home nursing） （ホームヘルプ）	居宅において、入浴、排泄及び食事等の介護、調理、洗濯及び掃除等の家事並びに生活等に関する相談及び助言その他の生活全般に亘る支援を提供する。
重度訪問介護 （serious home-visit care）	居宅において、入浴、排泄及び食事等の介護、調理、洗濯及び掃除等の家事並びに生活等に関する相談及び助言その他の生活全般に亘る支援及び外出時における移動中の介護を総合的に提供する。
同行支援 （accompaniment support）	外出時において、当該障害のある人に同行し、移動に必要な情報を提供すると伴に、移動の支援、排泄及び食事等の介護その他の当該障害のある人等の外出時に必要な支援を提供する。
行動支援 （action support）	行動する際に生じ得る危険を回避する為に必要な支援、外出時における移動中の介護、排泄及び食事等の介護その他の当該障害のある人等が行動する際に必要な支援を提供する。
療養介護 （recuperation nursing）	主として昼間、病院において機能訓練、療養上の管理、看護、医学的管理下における介護及び日常生活上の世話を提供する。
生活介護（life nursing）	主として昼間、障害のある人の支援施設等において、入浴、排泄及び食事等の介護、調理、洗濯及び掃除等の家事、生活等に関する相談及び助言その他の必要な日常生活上の支援並びに創作的活動及び生産活動の機会の提供その他の身体機能又は生活能力の向上の為に必要な支援を提供する。
短所入所（short stay） （ショートスティ）	障害のある人の支援施設等に短期入所させ、入浴、排泄及び食事の介護その他の必要な支援を提供する。

重度障害のある人等の包括支援 (inclusive support such as the people who have serious impediment)	居宅介護、重度訪問介護、行動支援、生活介護、児童デイサービス、短期入所、共同生活介護、自立訓練、就労移行支援及び就労継続支援を包括的に提供する。
共同生活介護 (symbiosis nursing) (ケアホーム)	主として夜間、共同生活を営むべき住居において、入浴、排泄又は食事の等の介護、調理、洗濯又は掃除等の家事、生活等に『』関する相談又は助言、就労先その他関係機関との連絡その他の必要な日常生活上の支援を提供する。
施設入所支援 (facilities be imprisoned support)	主として夜間において、入浴、排泄及び食事等の介護、生活等に関する相談及び助言その他の必要な日常生活上の支援を提供する。

出所：大澤温・その他編『障害者に対する支援と障害者自立支援制度』（ミネルヴァ書房、2010年、81頁）

　訓練等給付には、自立訓練、就労移行支援、就労継続支援、共同生活支援がある。

サービス名	サービスの内容
自立訓練 (independence training)	（機能訓練） 　障害のある人の支援施設若しくはサービス事業所又は居宅において、理学療法、作業療法その他必要なリハビリテーション、生活等に関する相談及び助言その他の必要な支援を提供する。 ※身体に障害のある人が対象で、期間は1年6ヶ月間 （生活訓練） 　障害のある人の支援施設若しくはサービス事業所又は居宅において、入浴、排泄及び食事等に関する自立した日常生活を営む為に必要な訓練、生活等に関する相談及び助言その他の必要な支援を提供する。 ※知的障害又は精神障害のある人が対象で、期間は2年間（長期間の入院等の事由がある場合には3年間）

就労移行支援 （starting work shift support）	生産活動、職場体験その他の活動の機会の提供その他の就労に必要な知識及び能力の向上の為に必要な訓練、求職活動に関する支援、その適性に応じた職場の開拓、就職後における職場への定着の為に必要な支援を提供する。 ※就労を希望する65未満の障害のある人であって、通常の事業所に雇用される事が可能と見込まれる人が対象で、期間は2年間（按摩マッサージ指圧師、針師又は灸師の資格取得を目的とする場合は、3年又は5年）
就労継続支援 （starting work continuation support）	（就労継続支援A型） 　雇用契約の締結等による就労の機会の提供及び生産活動の機会の提供その他の就労に必要な知識及び能力の向上の為に必要な訓練その他の必要な支援を提供する。 ※通常の事業所に雇用される事が困難であって、雇用契約に基づく就労が可能である障害のある人が対象。 （就労継続支援B型） 　就労の機会の提供及び生産活動の機会の提供その他の就労に必要な知識及び能力の向上の為に必要な訓練その他の必要な支援を提供する。 ※通常の事業所に雇用される事が困難であって、雇用契約に基づく就労が可能である障害のある人が対象。
共同生活支援 （symbiosis support） （グループホーム）	主として夜間において、共同生活を営むべき住居において相談その他の日常生活上の支援を行う。

出所：大澤温・その他編『障害者に対する支援と障害者自立支援制度』（ミネルヴァ書房、2010年、82頁）

　　（イ）計画相談支援給付（plan consultation support benefit）
　社会福祉の利用を申請してきた障害のある人に対して利用計画（utilizable plan）の作成を行いながら支援する相談である。

（ウ）地域相談支援給付（regional consultation support benefit）

　地域相談支援給付は、地域移行支援（regional shift support）及び地域生活支援（regional life support）の事を言う。地域移行支援は、障害のある人の支援施設、精神科病院等に入所している障害のある人に、住居の確保（securing of dwelling）、地域生活への移行の為の支援を言う。地域定着支援（region established support）は、在宅での単身生活の障害のある人等に対して、地域生活の継続の為の緊急時の支援や相談を言う。

　（エ）自立支援医療（Independence support medical treatment）

　自立支援医療は、障害のある人が心身の障害の状況から見て自立支援医療を受ける必要がある場合に、その障害のある人の世帯の所得の状況（situation of income of household）、治療状況（treatment status）を勘案して支給決定される。給付の対象となる疾病の範囲は以下の通りである。

　㋑　身体の障害（physical disability）のある児童又は現存する疾患が将来障害を残すと認められる児童であり、比較的短期間の治療（treatment for a short term comparatively）により効果が期待される児童に対して実施する医療（medical treatment）。

　㋺　身体の障害を除去し、又は軽減して日常生活を容易にする事を目的とした医療。

　㋩　精神障害（mental disorder）のある人の通院医療（medical treatment of going to hospital regularly）を促進し、かつ適切な医療を普及させる為に行われる通院医療。

　（オ）補装具（prosthetic appliance）

　補装具の購入を希望する障害のある人は、市町村に費用支給の申請を行う。申請を受けた市町村は、更正相談所（rehabilitation counseling place）等の意見を下に補装具費の支給決定を行う。補装具の種目は以下の通りである。義肢（artificial limb）、装具（equipment）、座位保

持装置（a device to help maintain a sitting position）、盲人安全杖（the blind safety cane）、義眼（an artificial eye）、眼鏡（glasses）、補聴器（a hearing aid）、車椅子（a wheelchair）、電動車椅子（motorized wheelchair）、座位保持椅子（wheelchair to help maintain a sitting position）、起立保持具（standing up maintenance tool）、歩行器（a walking frame）、頭部保持具（head maintenance tool）、排便補助具（defecation assistancetool）、歩行補助杖（walking assistance cane）、重度障害のある人用意志伝達装置（person's preparation will transmission device with serious impediment）

　（カ）地域生活支援事業（regional life support business）
　地域生活支援事業は、身近な市町村や都道府県において、地域特性や障害のある人の状況により柔軟に実施する事業言う。
（市町村事業）
　（キ）相談支援事業（consultative support business）
　障害のある人等からの相談に応じ、必要な情報の提供等の便宜を図る事や権利擁護（right protection）の為に必要な支援を行う事により、障害のある人が自立した日常生活、社会生活を営めるようにする事を目的とする。
　（ク）成年後見制度利用支援事業（seniority support system use support business）
　成年後見制度利用支援事業は、知的障害（mental retardation）のある人や精神障害（psychic disturbance）のある人の内、判断能力が不十分な人に対して、社会福祉の利用契約（Use agreement on social welfare）等が適切に行われるように支援する事業である。
　（ケ）コミュニケーション支援事業（communicational support business）
　聴覚機能（hearing function）、言語機能（function of language）、音声機能（phonetic function）等の障害により、コミュニケーションを図る事に支障がある人に、手話通訳（sign language interpreter）等の

方法により、コミュニケーションの円滑化を図る事を目的とする事業である。例えば、手話通訳者（sign language interpreter）や要約筆記者（summary writer）等の派遣等を行う。

　　（コ）日常生活用具給付等事業（daily life tool benefit business）
　この事業は、重度の障害のある人に対して、自立生活支援用具（independent living support tools）等の日常生活用具を給付又は貸与する事によって、日常生活の便宜を図り、生活の質（quality of life）の増進を目的とする。そして、その用具には、介護訓練支援用具＝nursing training support tools（特殊寝台＝special bed、特殊マット＝special mat等）、自立生活支援用具の入浴補助用具＝bathing auxiliary use tool、視覚障害（visual handicap）のある人の屋内信号装置＝the indoor buzzer、在宅療養等支援用具＝support tools of home recuperation etc.（電気式痰吸引機＝electric phlegm suck machine、視覚障害のある人用の体温計等）、情報・意志疎通支援用具（点字器＝braille machine、人工咽頭＝artificial pharynx等）、排泄管理支援用具＝excretion management support tools（ストーマ用装具等）、住居生活動作補助用具＝dwelling life operation auxiliary use tool（居宅動作等を円滑にする用具で、設置に小規模な住宅改造が必要な物）。

　　（サ）移動支援事業（movement support business）
　この事業は、野外で移動が困難な障害のある人に対して、外出の為の支援を行う事により、地域における自立生活（self-sustained life）及び社会参加（social participation）を促進する事を目的とする。

　　（シ）地域活動支援センター（local activity support center）
　この事業は、個別給付の事業に馴染みにくいレクリエーション活動、憩いの場等の多様な活動を行う為の小規模な通所サービスを言う。
（都道府県事業）
　　（ス）専門性の高い相談支援事業（expert's high consultation support business）

この事業には、発達障害（developmental handicap）のある人の支援センター運営事業（support center management business）、障害のある人の就業・生活支援センター事業（starting work and life support center business）、高次脳機能障害支援普及事業（higher-order brain impairment support spread business）、障害のある乳幼児等の療育支援事業（treatment support business）がある。

　（セ）地域自立支援協議会を構成する相談支援事業者等に対する専門的な指導・助言等

　この事業は、市町村における地域自立支援協議会を構成する相談支援事業者（consultation support undertaker who composes regional independence support council in municipality）に対する必要な専門的指導、助言を実施するものである。

　（ソ）広域的な支援事業（large area support business）

　この事業には、都道府県相談支援体制整備事業、相談支援体制整備特別支援事業、精神障害のある人の退院促進支援事業、障害のある乳幼児等の療育支援事業の4種類である。

　（タ）サービス（service）・相談支援事業（consultative support business）、指導者育成事業（leader promotion business）

　この事業には、障害程度区分認定調査員研修事業（impediment level division recognition investigator training business）、相談支援専門員研修事業（consultation support specialty member training business）、サービス管理責任者研修事業（service management accountable person training business）、居宅介護従事者養成研修事業（home nursing pursuer training business）、手話通訳者養成研修事業（sign language interpreter training business）、盲聾唖通訳（blind and deaf-mute interpretation）・介助員養成研修事業（helper training business）、身体障害のある人及び知的障害のある人の相談員活動強化事業（consultant activity strengthening business of person who has mayhem and person who has intellectual disability)、音声機能障害のある人の発声訓練指導者養成事業（vocal training leader training business of person who has disorder of phonation）の8種類がある。

（4） 障害のある人の基本法（障害者基本法）

障害のある人の基本法（disabled Persons Fundamental Law）は、これまでの心身障害のある人の対策基本法（fundamental law for countermeasures concerning mentally and physically handicapped）を法律の名称も含めて改正し、障害のある人の施策に関する基本事項を定めた法律として公布された。「第1条に示されたこの法律の目的は、『障害者のための施策を総合的かつ計画的に推進し、もって障害者の自立と社会、経済、文化その他あらゆる分野への活動への参加を促進すること』におかれている。この法律では、障害者の定義を『身体障害、知的障害又は精神障害があるため、長期にわたり日常生活又は社会生活に相当な制限を受ける者』（第2条）としている。これは、障害の概念を制限列挙的に示した旧来の方式を改め、より緩やかで包括的な考え方へと転換をしたものである。あわせて法律の制定にあたり、国会の付帯決議によって、それまで障害者サービスの範囲に含まれなかった癲癇や自閉症の一部も障害の範疇に含められた。国に対して、障害者の福祉、医療、教育、雇用促進等様々な分野における障害者基本計画の策定を義務づけると伴に、障害者施策推進協議会の設置を定めている[31]。」

（5）身体障害のある人の福祉法（身体障害者福祉法）

身体障害のある人の福祉法（law for the welfare of the physically handicapped）は、「『身体障害者を援助し、及び必要に応じて保護し、もって身体障害者の福祉の増進を図ること』を目的[32]」としてい

る。「そしてその対象は『別表に掲げる身体上の障害がある18歳以上の者であって、都道府県知事から身体障害者手帳の交付を受けた者』（第4条）である。2000年の『社会福祉の増進のための社会福祉事業法等の一部を改正する等の法律』にともなう本法の改正によって、身体障害者福サービスが従来の措置制度から利用制度（支援費支給方式）へと変更され、身体障害者相談支援事業（physically handicapped person consultation support business）・身体障害者生活訓練事業（physically handicapped person life training business）・手話通訳事業（sign language interpreter business）・盲導犬訓練施設（seeing-eye dog training facility）が法定化された[33]。」

(6) 知的障害のある人の福祉法（知的障害者福祉法）

知的障害のある人の福祉法（law for the welfare of the mentally retarded）は、「『知的障害者の自立と社会経済活動への参加を促進するため、知的障害者を援助するとともに必要な保護を行い、もって知的障害者の福祉を図ること』（第1条）を目的としている。そしてその対象は、原則として18歳以上の知的障害者である。2000年の『社会福祉の増進のための社会福祉事業法等の一部を改正する等の法律』にともなう本法の改正によって、知的障害者福サービスが従来の措置制度から利用制度（支援費支給方式）へと変更され、知的障害者デイサービス事業（intellectual disorder person adult daycare business）・知的障害者相談支援事業（intellectual disorder person consultation support business）・知的障害者デイサービスセンター（intellectual disorder person adult daycare center）が法定化されることになった[34]）。」

(7) 精神保健及び精神障害のある人の福祉に関する法律（精神保健福祉法[35]）

　精神保健及び精神障害のある人の福祉に関する法律（mental health and welfare law）は、①精神障害（psychic disturbance）のある人の医療及び保護を行うこと、②障害のある人の総合支援法と伴に、精神障害のある人の社会復帰の促進（promotion of rehabilitation into society）、自立と社会経済活動への参加（participation to independence and socioeconomic activity）の促進のために必要な支援を行うこと、③精神疾患（mental disease）の発生の予防や、国民の精神的健康の保持及び増進に努めることにより、精神障害のある人の福祉の増進及び国民の精神保健（mental health）の向上を図ることを目的としている（第1条）。そして、精神障害のある人は、社会失調症（social dystonia）、精神作用物質による急性中毒（acute poisoning with psychoactive substance）又はその依存症（the dependence）、知的障害（intellectual disorder）、精神病質（psychopathy）その他精神疾患を有する人である。

(8) 発達障害のある人の支援法（発達障害者支援法[36]）

　この法律（developmental disorder person support law）において発達障害とは、自閉症（autism）・アスペルガー症候群（Asperger's syndrome）その他の広汎性発達障害（pervasive developmental disorder）、学習障害（learning disorder）、注意欠陥多動性障害（attention deficit hyperactivity disorder）、その他これに類する脳機能の障害（impediment to brain function）であって、通常低年齢で発現するものとして政令で定めるものを言う。発達障害支援施策としては、国・都道府県・市町村で役割分担して、地域支援体制の

確立（establishment of regional support system）や支援手法の開発（development of assisting method）、災害時支援を含めた支援（support including support at disaster）を行っている。そして、発達障害のある人（発達障害のある人）の支援センターでは、発達障害のある人及びその家族に対して、専門的な相談に応じ、又は助言を行っている。

(9) 心神喪失のある人等の医療観察法（心神喪失者等医療観察法[37]）

心神喪失（lunacy）等の状態で重大な他害行為を行った者の医療及び観察等に関する法は、精神障害の為に善悪の判断能力が無い（心神喪失）、若しくは判断能力が著しく不十分である（心神耗弱）の為に刑事責任を問えない状態で、殺人、放火等の重大な他害行為を行った人に対して、適切な処遇を決定する為の手続き等を定めた法律（lunacy medical treatment observation law）である。継続的かつ適切な医療並びにその確保の為に必要な観察及び指導を行う事によって、病状の改善及びこれに伴う同様の行為の再発の防止を図り、対象者の社会復帰を促進する事を目的とする（第1条）。

(10) その他の法制度

①所得保障制度（income security system）
　ア、社会保険のシステムによる所得保障[38]
　　（ア）障害基礎年金（disability basic pension）
　障害基礎年金は、原則的に20歳以上60歳未満の全ての国民が加入する国民年金（national pension）の被保険者（the assured）が疾病（sickness）や怪我（injury）によって年金の障害要件（impediment requirements）に合致した場合に支給される。また、20歳前に障害を

負った人については、20未満の時に初めて医師の診療を受けた者が、障害の状態（state of impediment）にあった20歳に達した日において国民年金の障害等級（grade of disability）に該当する障害の状態である場合も障害基礎年金が支給される。

障害基礎年金はその障害程度（impediment level）に応じて1級と2級があり、1級は2級より重度である。年金額は、2級が老齢基礎年金（old-age basic pension）と同額で、1級は2級の1.25倍となっている。公的年金の年金額は、物価の変動率に応じて年度ごとに改定される（物価スライド）。2012（平成24）年度の障害基礎年金の年額は、1級98万3,100円（月額約8万2,000）、2級78万6,500円（月額6万6,000円）である。なお、障害基礎年金受給者で、18歳到達年齢年度の末日までに障害のある子（障害のある人は20歳未満）が居る場合は、子の人数によって加算が行われる。

　　（イ）障害厚生年金（disability employees' pension）

厚生年金に加入している間に初診日のある病気や怪我で障害基礎年金の1級又は2級に該当する障害の状態になった時は、障害基礎年金に上乗せして障害厚生年金が支給される。障害厚生年金は所得比例給付（earnings-related）であるので、従前所得の平均標準報酬月額（average index monthly earnings）と加入期間（joining period）によって計算した報酬比例部分の年金額が2級及び3級の金額であり、1級はその1.25倍の額となっている。また、加算要件を満たす配偶者が居る場合には配偶者加給年金（spouse supplement one's salary pension）が加算される。

　　（ウ）障害共済年金（disability mutual aid pension）

障害共済年金は、公務員の共済組合（国家公務員共済、地方公務員共済、市町村職員共済）や私学共済組合等の共済組合に加入している人であって、在職中の病気や怪我で障害基礎年金に該当する障害の人になった場合に支給される。障害共済年金は、障害厚生年金と同様に、1級〜

3級が定められており、1級と2級では障害基礎年金に上乗せして支給され、障害基礎年金より程度が軽い障害の場合は3級の障害共済年金のみが支給される。

イ、社会手当による所得保障[39]

　（ア）特別障害のある人の手当（特別障害者手当）

　特別障害のある人の手当（special allowance for the disabled）は、精神又は身体に著しく重度の障害を有し、日常生活において常時特別の介護を必要とする在宅の20歳以上の障害のある人に対して、重度の障害の為に生じる特別の負担の軽減の一助として手当を支給する事により、特別障害のある人の福祉の向上を図る事を目的としている。支給月額は2012（平成24）年度で2万6,260円である。

　（イ）障害のある児童福祉手当（障害児福祉手当）

　障害のある児童福祉手当（aids to dependent children）は、精神又は身体に重度の障害を有する為、日常生活において常時の介護を必要とする状態にある在宅の20歳未満の重度障害のある児童に対して支給される。障害の為に生じる特別の負担の軽減の一助として手当を支給する事により、特別障害のある児童の福祉の向上を図る事を目的としている。支給月額は2012（平成24）年度で1万4,280円である。

　（ウ）特別障害給付金

　特別障害給付金（special injury and disease benefit money）は、国民年金制度が1991（平成3）年度前に任意加入していた学生や1986（昭和61）年度前に任意加入していた被用者の配偶者について、任意加入していなかった期間に障害を負った為に支給するものである。2005（平成17）年4月1日より施行された「特定障害者に対する特別障害給付金の支給に関する法律」がその根拠となっている。特別障害給付金の支給額は、2012（平成24）年度で、障害基礎年金1級相当の場合は月額4万9,500円、障害基礎年金2級相当の場合は3万9,600円である。

　（エ）特別児童扶養手当

20歳未満で精神又は身体に障害のある児童を家庭で養育している父母等に対し、児童の福祉の増進を図る事を目的に、特別児童扶養手当（special child rearing allowance）が支給される。支給月額は、2012（平成24）年度で1級が5万400円、2級が3万3,570円となっている。
ウ、公的扶助による生活保護制度[40]

　生活保護制度（public assistance system）は、「日本国憲法第25条に規定する理念に基づき、国が生活に困窮する全ての国民に対して、その最低限度の生活を保障すると伴に、その自立を助長する事を目的」（生活保護法第1条）としている。国民は、貧困（Poverty）に陥った理由を問わず、生活の困窮（poverty of life）と言う事実のみに基づき、無差別平等（indiscriminate equality）に保護を受ける権利がある（無差別平等の原理＝principle of the indiscriminate equality）。また、生活保護制度は、健康で文化的な生活水準を保障するものである（最低生活保障の原理＝principle of minimum standard of living security）。さらに生活保護制度は、最低生活を維持する為の他の手段を優先する（保護の補足性の原理＝principle of complementation of safeguard）。従って、資産・能力がある場合はそれを活用すると伴に、家族による扶養や、年金や手当など他の法律による給付がある時はそれらを優先して活用する事が求められる。そして、厚生労働大臣が定める生活保護基準を用い、世帯を単位として計算した最低生活費（minimum cost of living）と収入を比較して、収入が最低生活費に満たない場合に、最低生活費から収入を差し引いた差額が保護費として支給される。

　生活保護基準（public assistance standards）は、居住する地域や世帯員の年齢・性別、世帯構成によって細かく設定されている。生活保護の扶助の種類としては、生活扶助（livelihood aid）、教育扶助（educational aid）、住宅扶助（housing aid）、医療扶助（medical aid）、介護扶助（nursing aid）、出産扶助（aid for childbirth）、生業扶助（occupational aid）、葬祭扶助（funeral aid）の8種類がある。

この内、生活扶助は、飲食費用や被服費、光熱水費等、日常生活に必要な費用であり、それに加えて何らかの特別な必要がある場合にはその状態に基づいて加算が行われる。障害のある人に対する加算としては、障害のある人の加算（障害者加算＝handicapped person addition）、重度障害のある人の加算（重度障害者加算＝serious handicapped person addition）、重度障害のある人の他人介護料（重度障害者他人介護料＝serious handicapped person others nursing fee）、重度障害のある人の家族介護料（重度障害者家族介護料＝serious handicapped person family nursing fee）がある。

②住宅保障制度[41]

障害のある人の総合支援法（障害者総合支援法）では、地域生活支援事業の一つである福祉ホーム、グループホーム（共同生活支援）の2種類の居住形態が用意されている。

イ、福祉ホーム（welfare home）

福祉ホームの基本方針（第2条）は、利用者が地域において自立した日常生活又は社会生活を営めるように、現に住居を求めている障害のある人につき、低額な料金で、居室その他の設備を利用させると伴に、日常生活に必要な便宜の提供を行うものである。

ロ、グループホーム（共同生活支援）

グループホーム（group home）は、共同生活支援を行う住居と位置づけられている。利用者は、地域で暮らしていたが一人で暮らすのは不安である人、日常生活のサポートが必要な人、施設や病院から出て地域生活へ移行して生活技能（料理、買い物、洗濯、生活習慣）の取得を目指す人等である。

③障害のある人の雇用保障制度[42]

障害のある人の雇用促進法（障害者雇用促進法＝law for employment promotion of persons with disabilities）は、身体障害のある人又は知的障害のある人の雇用義務（employment duty）等に基づく雇用の促進等

の為の措置、職業リハビリテーションの措置、その他障害のある人がその能力に適合する職業に就く事等を通じてその職業生活において自立する事を促進する為の措置を総合的に講じ、障害のある人の職業の安定を図る事を目的とされている。

ア、雇用義務制度（employment duty system）

事業主に対し、障害のある人の雇用率（障害者雇用率）に相当する人数の身体障害のある人・知的障害のある人の雇用を義務づけている。2012（平成24）年6月に、障害のある人の雇用促進法（job development act）の施行令が改正され、2013（平成25）年より民間の事業主の雇用率（employment rate）が2.0％になった（従業員50人以上の事業主が対象となる）。また、国や地方自治体、特殊法人は、2.3％、都道府県教育委員会は2.2％となった。

イ、納付金制度（the benefit system）

障害のある人の雇用に伴う事業主（business proprietor）の経済的負担の調整を図るため納付金と調整金の制度（system of adjustment money）がある。障害のある人の法定雇用率未達成の事業主は、法律上雇用しなければならない障害のある人と既に雇用している障害のある人数の人数差について障害のある人の雇用納付金（障害者雇用納付金は不足1人月額5万円徴収）が徴収される。一方、法定雇用率を上回って障害のある人を雇用している事業主に対しては、その上回っている人数に応じて障害のある人の雇用調整金＝employment adjustment money（障害者雇用調整金は超過1人月額2万7,000円支給）が支給される。

【注】
1) 社会福祉辞典編集委員会編『社会福祉辞典』（大月書店、2002年、316頁）。
2) 河野正輝「社会福祉の権利」（佐藤進編『現代社会福祉法入門』法律文化社、1989年、30頁）。
3) 定藤丈弘「障害者福祉の基本的思想」（定藤丈弘・その他編『現代の障害者福祉』有斐閣、1996年、2頁）。

4) 社会福祉辞典編集委員会編、前掲書、268頁。
5) 関川芳孝「障害者をめぐる機会平等等の理念と実践」（定藤丈弘・その他編、前掲書、77頁）。
6) 関川芳孝「障害者をめぐる機会平等等の理念と実践」（定藤丈弘・その他編、前掲書、77-78頁）。
7) 中野善達・その他編『障害をもつアメリカ人に関する法律』（湘南出版社、1991年）を参考にする。
8) 「ノーマライゼーションの原理」『四国学院大学論集』42号、145-146頁。
9) 「知的障害者のための居住施設サービスの形態への変化」『四国学院大学論集』44号 172-174頁。
10) 星野貞一郎・その他編『教育者のための障害者福祉論』（明石書店、2005年、12頁）。
11) 社会福祉辞典編集委員会編、前掲書、529頁。
12) 星野貞一郎・その他編、前掲書、25頁。
13) 社会福祉辞典編集委員会編、前掲書、43頁。
14) 星野貞一郎・その他編、前掲書、28-29頁。
15) 社会福祉辞典編集委員会編、前掲書、28-29頁。
16) 星野貞一郎・その他編、前掲書、31頁。
17) 星野貞一郎・その他編、前掲書、32頁。
18) アマルティア・セン（鈴木興太郎訳）『福祉の経済学』（岩波書店、1988年、22頁）。
19) 絵所秀紀・その他編『アマルティア・センの世界』（晃洋書房、2004年、2頁）。
20) 絵所秀紀・その他編、前掲書、4頁。
21) 絵所秀紀・その他編、前掲書、4頁。
22) 絵所秀紀・その他編、前掲書、9頁。
23) 絵所秀紀・その他編、前掲書、9頁。
24) 絵所秀紀・その他編、前掲書、11頁。
25) 絵所秀紀・その他編、前掲書、11頁。
26) 社会科学辞典編集委員会編『社会科学辞典』（新日本出版社、1967年、294-295頁）。
27) 福祉行政法令研究会著『障害者総合支援法がよ～くわかる本』（秀和システム、2012年）、小澤温・その他編著『障害者に対する支援と障害者自立支援制度』（ミネルヴァ書房、2010年）。
28) 小澤温・その他編著、前掲書、76-78頁。
29) 小澤温・その他編著、前掲書、78頁。
30) 小澤温・その他編著、前掲書、79-88頁。
31) 小澤温・その他編著、前掲書、138-141頁。
32) 小澤温・その他編著、前掲書、141-146頁。一般財団法人 厚生労働統計協会編『国民の福祉と介護の動向・厚生の指標』第59巻　第10号（一般財団法人 厚生労働統

計協会、2012年、118-122頁）。
33) 小澤温・その他編著、前掲書、141-146頁。一般財団法人 厚生労働統計協会編、前掲書、141-146頁。
34) 小澤温・その他編著、前掲書、147-150頁。一般財団法人 厚生労働統計協会編、前掲書、123-124頁。
35) 小澤温・その他編著、前掲書、150-154頁。一般財団法人 厚生労働統計協会編、前掲書、125-126頁。
36) 小澤温・その他編著、前掲書、154-158頁。一般財団法人 厚生労働統計協会編、前掲書、127-128頁。
37) 小澤温・その他編著、前掲書、158-164頁。一般財団法人 厚生労働統計協会編、前掲書、128頁。
38) 小澤温・その他編著、前掲書、174-176頁。
39) 小澤温・その他編著、前掲書、176-177頁。
40) 小澤温・その他編著、前掲書、177-178頁。
41) 小澤温・その他編著、前掲書、184-187頁。
42) 一般財団法人 厚生労働統計協会編、前掲書、134-136頁。

3. 人間（障害のある人）開発と障害のある人の社会福祉

(1) はじめに

　今日、人間（障害のある人）開発（人間の能動的・創造的活動〔例えば、適切な栄養素が含んでいる料理を作る事〕と受動的・享受的活動〔例えば、料理を味わい適切な栄養摂取を行う事〕のケイパビリティ〔capability「潜在能力」〕の発達を図っていく事）の研究が、国連開発計画[1]など国連機関の場で提起され、これが21世紀に向けての社会福祉の新しい理念となりつつある。そして、福祉利用の障害のある人の人間開発（社会福祉における人間開発の事業というのは、社会福祉を合法則的に発展させる事を通じて実現されるものである。その為には、社会福祉の法則性を洞察し、社会福祉を科学的に把握する事が重要である）によって、福祉利用の障害のある人が社会福祉労働（社会福祉労働手段も含む）を能動的・創造的かつ受動的に享受し、人間らしい健康で文化的な生活（人間らしい健康で文化的な抽象的人間生活力・労働力の形成）の成就を向上させていく（福祉利用の障害のある人が社会福祉の使用価値を高めていく）と言う点において人間開発の思想は重要である。

　ここでは、この人間開発の思想的淵源の一つに成っているアマルティア・セン（ノーベル経済学賞の受賞者）の福祉を検討し、その人間開発に対するセンの理論がどのような意義を持ち、そして同時にどのような問題点（限界）があるのかを考察していきたい。

　まず第1に福祉の特徴を整理し、次に国連開発計画による人間開発論がどのように提起され、それが人間開発政策にどのような方向転換を意味しているのか、またそれが人間開発指標の開発・利用においてどのよ

うな変化を導いたかについて考察する。第2にセンの社会福祉の根幹と言うべきケイパビリティ論は、経済学の主流派の価値論を形づくっている効用論（効用論は、快楽・幸福・欲望等といった心理的特性によって定義される個人の効用のみに究極的な価値を見いだす論である）に対してのもう一つの価値論を展開していると言う事である。つまり、人間の多様な基礎的生活活動（機能「functioning」）の組み合わせ間の自己選択・自己決定の自由の拡大と言う要因を強調する事によって（こうした点を強調するのは、次のような点にある。つまり、前章で述べたように人が生きている事を実感できるのは、日常の生活活動や社会活動を十分に行っている時の方が多い。そうすると、社会福祉を考える時、社会福祉サービスや所得等の生活手段のみに注目するのではなく、実際のひとの生活活動の状況を詳しく見た方が良い事になる）、新しい人間開発思想の基礎となる事ができる。

　以上の2点を検討する事によって、障害のある人の社会福祉のパラダイム（paradigm）転換に寄与できればと思う。

(2) 人間の欲求及び要求と社会福祉の特徴

①人間の欲求[2]及び要求と経済学

　障害のある人も含めて人間の生活は、人間が労働において自然に働きかけると同時に、人間相互にも働きかけて、人間の種々の欲求（要求）を満たす為に必要な物質的なものやサービスを生産し、分配し、消費（享受）する事によって成り立っている。経済学と言う学問は、こうした人間生活（人間の生産及び再生産）の諸法則を、人間が種々の欲求（要求）の充足手段を獲得し享受するに際しての、人間と自然との相互関係及び人間と人間との相互関係に則しての研究を行う学問である。このように考えられた経済学は、それ自体の内に人間開発の経済学が含まれていると思われる。

まず経済学の原点に位置する人間の欲求（要求）と言う契機に注目し、欲求（要求）と人間開発との関連について考えてみる。森岡孝二が指摘されているように、「人間の日々の生活を見ると理解できるように、飲食、衣着、住居、保育、福祉、医療、娯楽等の多種多様な欲求（要求）を持っている。これらの内、所謂衣食住に関係する身体的欲求（要求）の最小範囲は、人間の生物的生存の為に絶対的に必要である（また、この種の欲求は、気象や風土等の自然的条件によって違いがある）。しかし、どんな種類の欲求（要求）であれ、人間の欲求（要求）のありよう、その種類、その範囲、その享受の仕方等は、第1に、人間とその社会の歴史的発展段階、特に文化段階によって条件づけられている。第2に、人間の欲求（要求）は、生産関係や家族・地域社会・社会集団の地域全体及び社会全体の共同的・社会的生活諸関係によって規定されている。第3に、人間の欲求（要求）は、その享受の手段（財貨等の生活手段）の量と質、種類と範囲によって制約されており、欲求（要求）の享受手段の発展につれて発展していく。」（森岡孝二「経済学の基礎概念と人間の発達」基礎経済科学研究所編『人間発達の経済学』青木書店、1982年、28-30頁）

　こうした人間の欲求（要求）を満たすには、身体的・自然的欲求（要求）であれ、精神的・文化的な欲求（要求）であれ、身体器官のほかに、種々の物質的及びサービスの生活手段が必要である。筆者自身の日常生活に則して述べるならば、朝はまず時計の音に目を覚まし、布団から抜け出してトイレにいく。歯ブラシに練り歯磨きをつけて歯を磨く。水道の水で顔を洗い、タオルで拭く。朝食の食事をしながら新聞を読む。出勤前に衣類をクリーニング屋に依頼（洗濯のサービスの依頼）する。そこでようやくバスで出勤する。

　これら全て筆者が朝起きて外出するまでの生活上の欲求（要求）を満たす為に必要とする物質的及びサービスの生活手段である。サービスや財（生活手段）には空気や日光等のように自然の状態のままで人間の欲

求（要求）を満たすものもあるが、殆どは人間が自然や人間に働きかけて、自然の物質を生活で使用できる形態に変化させたものだと言う意味において、労働の生産物である。

　しかし、労働の生産物である生活手段は現代資本主義社会においては殆んど商品形態をとっている。商品を取得（購買）するのには、一定の手段である所得（貨幣）が必要である。ところが社会的原因（失業など）によって低所得や貧困に陥った場合、生活手段（商品）の購買力に不足・欠如が生じてくる。この場合、社会福祉や社会保障が必要となってくる。つまり、経済学とは本来、福祉（well-being）の増進・向上を追求する学問[3]であると言う見解を肯定するならば、福祉と経済の合成語である福祉経済は、社会問題としての生活問題を担った人々に対する福祉サービス・財貨（生活手段）の再分配・機能[4]及び消費（享受）の支援[5]を研究対象とする学問になる。

②障害のある人の社会福祉の特徴

　従来の経済学による生活評価は、人の持っている財や所得の手段の程度を基準にするものと、本人の主観的な幸福感に注目するものとに分かれている。従来、社会福祉学の生活評価も総合支援法や生活保護費等の手段そのものの整備程度や水準を基準あるいは焦点としていた（総合支援法や生活保護費等そのものの整備程度や水準は重要であるが、総合支援法や生活保護費等そのものの整備程度や水準は直接的に福祉ではない。と言うのは、福祉利用の障害のある人が総合支援法や生活保護費等を使用する事によって、人間らしい健康で文化的な潜在能力【抽象的人間生活力・抽象的人間労働力】の維持・再生産・発達・発揮を成就して初めて社会福祉となると考えている）。つまり社会福祉は、福祉利用の障害のある人が総合支援法や生活保護費等の手段そのものを使用して何をなしうるかあるいは福祉利用の障害のある人はどのような存在でありうるかと言う点が焦点となる。福祉利用の障害のある人を中心に置き、

しかも機能の実現（福祉＝well-being）の際に総合支援法や生活保護費等の手段そのものの固有価値に注目するだけでなく、福祉利用の障害のある人のケイパビリティの多様性に注目していく必要性をアマルティア・センは次のように指摘する。

「一例としてパンという財を考えよう。この財は多くの特性をもつが、栄養素を与えるというのもそのひとつである。この特性は、カロリー・蛋白質など、さまざまなタイプの栄養素に分解できるし、そうすることはしばしば有用である。栄養素を与えるという特性に加え、パンはその他の特性、例えば一緒に飲食する集まりを可能にするとか、社交的な会合や祝宴の要請に応えるといった特性をもっている。ある特定時点における特定の個人は、より多くのパンをもつことにより、ある限度内でこれらの仕方（すなわちカロリー不足なしに生存すること・他人をもてなすことなど）で機能する能力を高めることができる。しかし、二人の異なる個人を比較する際には、ただ単に二人の個人がそれぞれに享受するパン（あるいはそれに類した財）の量をしるだけでは、十分な情報を得たことにはならない。財の特性を機能の実現へと移す変換は、個人的・社会的なさまざまな要因に依存する。栄養摂取の達成という場合にはこの変換は（一）代謝率、（二）体のサイズ、（三）年齢、（四）性（そして女性の場合には妊娠しているか否か）、（五）活動水準、（六）（寄生虫の存在・非存在を含む）医学的諸条件、（七）医療サービスへのアクセスとそれを利用する能力、（八）栄養学的な知識と教育、（九）気候上の諸条件、などの諸要因に依存する[6]。」

つまり、アマルティア・センが指摘しているように、人（人間）の福祉＝well-beingを考えていく場合、人（福祉利用の障害のある人）の前述した多様なケイパビリティを踏まえて、ひと（福祉利用の障害のある人）がなしうること（doing）となりうること（being）に注目していく事が重要であると言う事である。またアマルティア・センによれば、福祉（well-being）の評価を富裕つまり実質所得（生活手段）のみに焦

点を合わせたり、効用や満足のみに焦点を合わせるのではなくて、福祉利用の障害のある人が機能するケイパビリティ、即ち福祉利用の障害のある人はなにをなしうるか、あるいは福祉利用の障害のある人はどのような存在でありうるかと言う点にこそ関心を寄せるべきであると言う事になる。福祉サービス・財貨は特性（固有価値）を備えているが、福祉サービス・財貨の特性（固有価値）は、福祉利用の障害のある人がそれを使用して何をなしうるかを教えてくれない。福祉利用の障害のある人の「福祉について判断する際には、彼／彼女が所有する財の特性に分析を限定するわけにはいかない。われわれは、ひとの『機能』(functioning) にまで考察を及ぼさねばならないのである。財の所有、従ってまた財の特性に対する支配権は個人に関わることであるが、財の特性を数量的に把握する方法はその財を所有するひとの個人的特徴に応じて変わるわけではない。自転車は、それをたまたま所有するひとが健康体の持主であれ、ひとしく『輸送性』という特性をもつ財として処理されてしまう。ひとの福祉について理解するためには、われわれは明らかにひとの『機能』にまで、すなわち彼／彼女の所有する財とその特性を用いてひとはなにをなしうるかにまで考察を及ぼさねばならないのである。例えば、同じ財の組み合わせが与えられても、健康なひとならばそれを用いてなしうる多くのことを障害者はなしえないかもしれないという事実に対して、われわれは注意を払うべきである[7]。」（傍点、筆者）とするならば、社会福祉法制度の不整備や生活保護費等の手段の不足・欠如の側面と福祉利用の障害のある人の多様なケイパビリティ及びそのケイパビリティの不足・欠如の側面を統一的に捉え、さらに両者の関係（機能）にも注目していく事が重要であると言う事である。そして、こうした捉え方は、福祉利用の障害のある人を中心においた考え方であり、福祉利用の障害のある人が人間らしい健康で文化的な生活の成就に成功する多様な機能（機能とは人が成就しうる事―彼／彼女が行いうる事、なりうる事である。それは言わば人の【福祉状況】の一部を反映するものであって、こ

れらの機能を実現する為に使用される社会福祉法制度や生活保護費等の手段そのものとは区別されなくてはならない。自転車を乗り回すことが自転車を所有することから区別されなくてはならないというのは、その一例である[8]）と福祉利用の障害のある人がこれらの機能を達成するケイパビリティの多様性及びその不足・欠如にも注目していく事が重要である。

　従って、障害のある人の社会福祉学は、生活保護費等の手段そのものの福祉利用の障害のある人への再分配の社会福祉政策のあり方、再分配された生活保護費等の手段そのものを福祉利用の障害のある人が人間らしい健康で文化的な生活を成就していく、あるいは人間らしい健康で文化的な潜在能力（抽象的人間生活力〔抽象的人間生活力とは、人間が生活の際に支出する脳髄、筋肉、神経、感官等を意味する〕・抽象的人間労働力〔抽象的人間労働力とは、人間が労働の際に支出する脳髄、筋肉、神経、感官等を意味する〕）の維持・再生産・発達・発揮を成就していく事である。つまり障害のある人の社会福祉は、人間らしい健康で文化的な生活ができる生活手段の保障と障害のある人の潜在能力の維持・再生産・発達・発揮が出来るような支援福祉実践・支援福祉労働のあり方等を研究対象とするところに特徴がある。

(3) 人間開発及び発達の障害のある人の社会福祉学

①国連開発計画による人間開発及び発達論[9]

　今日、開発は経済開発（例えば、国民総生産＝GNPの向上など）から人間開発（潜在能力の発達・発揮）に重点が移ってきている（勿論、国民総生産の向上が重要であると言う事は言うまでもない）。国連開発計画による人間開発（潜在能力の発達・発揮）を見ると、次のように指摘している。国連開発計画による人間開発（潜在能力の発達・発揮）とは、「人間の役割と能力を拡大することにより、人々の選択の幅を拡大

する過程である。よって、人間開発とはこうした役割や能力の人間へ及ぼす結果を反映することにもなる。人間開発は、過程でありまた目的でもある[10]。」そして、「すべての開発段階での三つの基本的な能力とは、人々が長命で健康な生活を送り、知識をもち、人間らしい生活水準に必要な経済的資源を得られることである。しかし、人間開発（潜在能力の発達・発揮）の守備範囲はこれ以上に拡大している。その他、人々が非常に大切だとしている選択肢には、参加、安全保障、持続可能性、人権保障などがあり、これらはすべて創造的、生産的である為に、また、自尊心や能力向上、地域社会への帰属意識をもって生きるために、必要なものである[11]。」ここでは、人間開発（潜在能力の発達・発揮）が所得・富（手段）の成長以上の事を示し、即ち人間による選択の拡大を意味すると定義されている。ここで、人間の多様な選択の中でも重要なものとして、保健、教育、人間らしい生活を維持できる収入、政治的自由、人権、人間の尊厳が挙げられている事に留意する事が重要である。これらの指摘は、収入の点を除いて、これまでの主流派経済学にとって「市場の外部」と見なされていた要因である。人間開発（潜在能力の発達・発揮）の障害のある人の社会福祉学が従来の経済学や障害のある人の社会福祉学のスコープ（scope）を大きく広げている。

　また、この国連開発計画では、人間開発（潜在能力の発達・発揮）過程が個人の選択・能力の拡大に留まらず、国家の義務を次のように指摘している。「国家には、主たる義務者として適切な政策を採用、実施し、最善を尽くして貧困を根絶する責任がある。そして政策の実施に関し、国家の説明責任を明確にする必要がある[12]。」国家の公共政策の義務を指摘している点は、国家の公共政策の責任領域を縮小していこうとする資本主義社会の生産様式（土台）の上部構造に位置する新自由主義（新自由主義の考え方は、社会の資源配分を市場の自由競争で実現しようとする。そして、国家の経済への介入は市場の自由競争を制約すると言う事から、国家の福祉への介入も批判する。しかも市場の自由競争によっ

てもたらされた生活の不安定や貧困を市場の自由競争の強化で解決しようとするもので、明らかに生活の不安定や貧困を拡大するものである）に対して批判の根拠となる。

そして、人間開発（潜在能力の発達・発揮）の基礎概念として前述したケイパビリティと言う用語が出てくる。西川潤氏が指摘されているように、「開発の過程は少なくとも人々に対して、個人的にも集団的にも、彼らの持つ資性を完全に発揮させることを可能とし、また、同時に彼らの必要や利害に応じた生産的、また創造的生活を営ませるに相当の機会を与えることを可能とさせるような政策環境を、つくり出さなければならない。人間開発は従って、人間のケイパビリティ―保健や知識の改善―を形成するということ以上に、これらのケイパビリティをいかに利用し、発揮していくか、という事に関連している。ケイパビリティの利用とは、仕事、余暇、政治活動、文化活動などいろいろな面で現れる。もし、人間開発の度合の中で、人間のケイパビリティの形成とその利用との間にずれが見出される時、人間の潜在能力の大きな部分は浪費されてしまうことになろう[13]」。西川潤氏が指摘されているように、このケイパビリティの用語は、後述するようにアマルティア・センの概念である。ケイパビリティは能力及び潜在能力の双方を指し、キャパシティ（capacity）と言う言葉とは異なる[14]。つまり、キャパシティはあるもの（こと）を生み出す力（例えば、米を生産する能力そのものなど）を指しているが、ケイパビリティ・アプローチは、「『機能を可能にする能力』も含めた『達成するための自由』に対する幅広い関心の上に立脚しているのである[15]。」そして、ケイパビリティの形成及び利用は個人の能力であると同時に、公共政策の責任でもある[16]（ここで、福祉の公共政策の責任とは、能力の形成及び発揮を保障していくような政策環境形成の責任である。ここに、近年、注目されている政策環境の問題が現れる[17]）。

②人間開発及び発達指標[18]

　今日までの経済学では、厚生または福祉の指標を一人当たりの国民総生産＝GNP（マクロ経済学）等で示されてきた。しかし、開発理念が経済成長から人間開発（潜在能力の発達・発揮）へと転回する時、人間らしい健康で文化的な生活＝福祉（well-being）を示す為の新しい指標が必要となる。国連開発計画では、人間開発（潜在能力の発達・発揮）を測定する指標として人間開発（潜在能力の発達・発揮）指標を設定した。HDI（Human Development Indicators）は、前述した人間開発（潜在能力の発達・発揮）の定義に沿い、保健、教育、一人当たりの実質所得に関してそれぞれ指標を作成し、これらを合成したものである。その意味で、これはGNP指標と異なり、社会指標である言ってよい。

　HDIは、比較的簡単な操作可能な指標を用いる事によって、国際間の人間開発（潜在能力の発達・発揮）・社会開発度を比較する事を可能にした。HDIは国内総生産＝GDP（Gross Domestic Product）と同じマクロ・レベルの数字である為に、国内の所得分配の歪みを表示するものではない。また、一人当たりの実質所得はGNPを基盤としており、その為、経済成長を批判すると言うよりは、人間開発（潜在能力の発達・発揮）と経済成長の相関関係を肯定的に見て、また一方で、人間開発（潜在能力の発達・発揮）のもう一つの定義として挙げられた自由や人権をどのように測定するかと言う問題があったが、個人の安全、法の支配、表現の自由等について40の指標を集め、これを合成した政治的自由指標（Political Freedom Indicators）を発表した（しかし、PFIが低いとされた発展途上国からの厳しい批判に晒され、その後放棄された）。

(4) センの福祉論[19]

　アマルティア・センは効用主義（帰結の望ましさを判断する際に、個々の人の厚生、効用、満足だけを判断の材料にする立場が効用主義と呼ば

れている）を批判し、社会行動の基礎としての共感（共感とは、他人が虐待を受けている事実を知って心を痛める事）に発しながらも、さらに個人の選択としての要因を強調するコミットメント（commitment）と言う概念を提起しているが、この概念の意味は次のような事である。つまり、自分の正義感に照らして不正な事に抗議する事は私たちの日常生活にある事は言うまでもない。譬えそれが自分の生活に直接関わらなくても、また時には自分の利益を損なうとしても、また自分の福祉（well-being）が下がる事を知った上であえて自分の価値を認める行動を選択する事をコミットメントと呼んでいる。人間の行動が、単に自己利益ばかりではなく、同時にコミットメントにも依存していると考える時、アマルティア・センの、ロールズの「正義の二原理（第一の原理は、基本的な権利と義務の割り当ての平等を求め、第二の原理は、社会的・経済的不平等は全ての人、とりわけ最も不遇な立場にある社会構成員の便益を結果的に補償する場合のみ、正義にかなうと主張する[20]）」に対する批判点が明らかになる。

　西川潤氏が指摘されているように、ロールズは、基本的自由を基礎として社会的不遇者に対する「最大の利益」の保障は、基本財（権利、自由と機会、所得と富、自尊等の社会的基礎としての「合理的な人間ならばだれでも望むであろうと推定される」財）の配分として現れると考えている[21]。しかしアマルティア・センは、西川潤氏が指摘されているように、この見方を物神崇拝的（物神崇拝とは、現代資本主義社会の商品生産社会にあっては、人と人との関係はものとものとの交換関係を通じてのみ成立する。つまり、物的依存の社会であり、これを物神崇拝的と呼ぶ）であると批判し、人間のベイシック・ケイパビリティの平等を認める事によって、初めて財に対する主観的効用とも、基本財の配分の平等とも異なった福祉の柱が構築できると考えた[22]。ケイパビリティ論の基礎として、エンタイトルメント（entitlement）の考え方がある。エンタイトルメントとは、社会や他人から与えられた権利（社会保障等

の受給権など）や機会を使用して、ある個人が自由に使用できる財貨の様々な組み合わせの事である。実際に人々の間で所有されかつ交換されるかは、このエンタイトルメントのあり方によって決まる。例えば、賃金労働者の場合には、労働権（憲法第 27 条）に基づいて自分の労働力の使用権と引き替えに最大限どのくらいの財貨が得られるかがその人のエンタイトルメントを決める事になる。つまり、西川潤氏が指摘されているようにエンタイトルメントは、権利の行使によって獲得された財貨・サービスの支配、またそれらに対するアクセス情況であって、あるいは人間の権利に基づいて、生存権等の人権を保障する財貨・サービス基盤を指す概念であって、単なる規範的な概念ではない[23]。

　ある人間の基本的生活活動（機能）とは、西川潤氏が指摘されているように、十分な栄養を摂取すること、早死にを防いだり、病気の際に適切な医療を受けたりする事等、生に関する基本的な諸生活活動から、自尊心を持ったり、幸福であったり、地域生活に積極的に参加したり、他人に認められたりする、より複雑な生活活動まで、多様なものを含むが、重要な事は、これらの諸生活活動の組み合わせを選択していく事によって、人間のケイパビリティが明らかになってくる事である[24]。

　従って、ケイパビリティとは、西川潤氏が指摘されているように、人間が基本的生活活動（機能）の選択を通じて、多様な可能な生の間に選択を行っていく事を指す[25]。人間が基本的生活活動（機能）を実現していくケイパビリティは人間にとっての福祉（well-being）に密接に関係があり、またより良い福祉（well-being）が達成されるかどうかは、基本的生活活動（機能）を自己選択・自己決定し実現する人間のケイパビリティにかかっていると言っても過言ではない。何故ならば、総合支援法や生活保護費等の手段そのものの特性（固有価値）を活用する能動的・創造的活動と受動的・享受的活動のケイパビリティに不足・欠如があったならば、総合支援法や生活保護費等の手段そのものの特性（固有価値）は目的（人間らしい健康で文化的な生活あるいは人間らしい健康

で文化的な抽象的人間生活力・労働力の維持・再生産・発達の実現「成就」）に変換していく事が不十分あるいは不可能となる。つまり、福祉（well-being）は福祉利用の障害のある人のケイパビリティを基礎とした日常生活活動を通して、総合支援法や生活保護費等の手段そのものを福祉（well-being）に変換していく必要があるから、総合支援法や生活保護費等の手段そのもののみに焦点を合わせるのではなく、総合支援法や生活保護費等の手段そのものの量的及び質的保障（福祉政策的労働・実践）の側面と同時に、福祉利用の障害のある人は生活保護費等の手段そのものを活用して何をなしうるか、あるいは福祉利用の障害のある人はどのような存在でありうるかと言う機能（機能への福祉臨床的労働・実践による支援）の側面の統一的視点が重要となる。

　以上のように、福祉利用の障害のある人のケイパビリティ、基本的生活活動、エンタイトルメントとの関係を理解するならば、障害のある人の社会福祉における人間開発（潜在能力の発達・発揮）の重要性が明らかになってくる。

(5) おわりに

　西川潤氏が指摘されているように、このアマルティア・センのケイパビリティ論が国連人間開発報告書の基礎となったのはそれなりの意義がある。と言うのは、国際開発の分野で、人間開発が経済開発と同時に、人間の自己選択・自己決定のケイパビリティの拡大として捉えられるようになってきたからである[26]（それと伴に、開発指標もGNP指標に代わって社会指標が重視されるようになり、福祉、保健、教育、実質購買力等に基づく人間開発指標が作られ、用いられるようになった[27]）。

　ケイパビリティ論は、西川潤氏が指摘されているように、人間の福祉（well-being）を基本的生活活動の組み合わせを自己選択・自己決定し、福祉（well-being）を実現（成就）していくケイパビリティの拡

大にあると見る[28]。この場合に、基本的生活活動を保障する福祉サービス・財貨（生活手段）の保有状況、またそれに対する具体的な権利（entitlement）が社会的に保障されているかどうかは、ケイパビリティの実現（成就）にとって重要な条件となる[29]。このように考えれば、社会問題としての生活問題とは、エンタイトルメントの剥奪による生活手段（実質所得など）の不足・欠如のみではなく、ケイパビリティの不足・欠如の為に、基本的生活活動の阻害（機能の阻害）も意味する。自由及び人権（生存権など）に基づいた自己選択・自己決定としての多様なケイパビリティによる国民の不断の努力による基本的生活活動の組み合わせの拡大の幸福追求こそが、憲法第12条（この憲法が国民に保障する自由及び権利〔生存権―挿入、筆者〕は国民の不断の努力によってこれを保持しなければならない）・憲法第13条（すべて国民は、個人として尊重される。生命、自由及び幸福追求に対する国民の権利については最大の尊重を必要とする）の理念に適合したより良い福祉（well-being）を実現する土台（基礎）をつくる事にもなる。それは同時に、社会開発の中心である人間開発の課題と考える新しい障害のある人の社会福祉学の到来を意味するものである。

　しかし、アマルティア・センの福祉体系と今日の人間開発論は、個人レベルのケイパビリティが課題である為、共同（共助）のケイパビリティについては考察さられていない。共同（共助）のケイパビリティを地域福祉との関連で考えるならば、地域住民の共同（共助）のケイパビリティによって地域福祉を発展させていく事は、地域住民の共同（共助）の幸福追求と言う国民の不断努力を実践する事にもなり、憲法第12条（この憲法が国民に保障する自由及び権利〔生存権―挿入、筆者〕は国民の不断の努力によってこれを保持しなければならない）・憲法第13条（全て国民は、生命、自由及び幸福追求に対する国民の権利については最大の尊重を必要とする）の理念にも適合したより良い福祉（well-being）に合致する事にもなる。また、現代資本主義構造（土台＝生産関係と上

部構造)との関連で、社会問題としての生活問題(生活問題とは、福祉サービス・財貨等の不足・欠如の問題と福祉利用の障害のある人の潜在能力の維持・再生産・発達の発揮の阻害〔ケイパビリティの不足・欠如〕の問題である)がどのように経済的必然性をもって生成してくるかについても考察されていないが、この点を考察していく必要がある。何故ならば、この点の認識が欠けると、社会問題としての生活問題を私的な個人の問題あるいは私的な家族の問題にしてしまいがちであり、社会福祉が生活問題に対する社会的人権(生存権など)保障策であると言う認識が欠けてしまう。つまり、社会的人権保障策やエンタイトルメントの発展の為には、社会問題としての生活問題の認識は重要である。さらに、アマルティア・センは、福祉の使用価値(人間らしい健康で文化的な生活の実現「成就」)を高めていくケイパビリティに焦点をあてた事は重要であるが、価値・剰余価値の要因を看過している。この要因を看過すると、社会福祉に内在している発展の原動力である矛盾を認識する事ができない

【注】

1) 横田洋三・その他監修『人間開発報告書2000―人権と人間開発―』(国際協力出版会、2000年)。
2) 森岡孝二「経済学の基礎概念と人間の発達」(基礎経済科学研究所編『人間発達の経済学』青木書店、1982年、28-30頁)。
3) 社会福祉辞典編集委員会編『社会福祉辞典』(大月書店、2002年、456頁)。
4) 機能は次のような意味である。人が生きている事を実感できるのは、日常の生活や社会活動を十分におこなっている時の方が多い。そうすると、福祉(well-being)を見るときには所得(生活手段)等のみを見るだけでなく、生活手段を活用して、人(人間)がなしえる事、あるいはなりうる事にも注目する必要がある。このように、人(人間)がなしえる事、あるいはなりうる事を機能と呼ぶ。そして、アマルティア・センの共同研究者であるヌスバウムは、機能と密接な関係があるケイパビリティ(潜在能力)を次のように指摘している。「①少なくとも全国の平均寿命まで生きること(早死にしないこと)、②適切な栄養が摂取できていること、③適切な運動ができていること、④適切な住居に住んでいること、⑤自由な移動ができていること、⑥あらゆる暴力・

虐待・戦争の恐れを回避していること、⑦性的満足の機会及び生殖に関する事項の選択の機会を持つこと、⑧自己の選択や宗教・文学・音楽・芸術・政治等の分野で、自由に感覚し、創造し、思考し、そして判断していること、⑨読み書きや基礎的な数学的科学的訓練を含む（もちろん、これだけに限定されるわけではないが）適切な教育によって養われた方法でこれらのことができていること。⑩自分自身のやり方で人生の究極の意味を追求し、楽しい経験をし、不必要な痛みを回避していること、⑪自分自身の周りの物や人に対して愛情を持っていること、⑫良き生活の構想を形作り、人生計画について批判的かつ積極的に熟考することができていること、⑬他の人々と連帯して、そしてそれらの人々の為に正義と友情の観点から生きることができていること、⑭自尊心を持ち屈辱を受けることのない社会的基盤を持っていること、⑮遊び、笑い、レクリエーション活動を楽しんでいること、⑯必要な生活手段（生活費等）が不足・欠如している場合、国（地方自治体も含む）に生存権的平等保障の観点から要求していく能力を持っていること。もし、要求していく能力が不足・欠如している場合、他者と共同のもとに要求していくことができること、⑰動物・植物・自然界に関心を持ち、これらと共生していること、⑱生存権・政治的参加の権利・言論及び結社等の自由の権利等が阻害された場合、人権保障がなされることを要求することができていること、⑲物理的及び社会的差別及び偏見から解放される活動及び運動ができていること等である」（松井範惇・その他編『アジヤの開発と貧困』明石書店、2006年、76-78頁）。

5) ここでは、援助と支援の意味の違いを考慮して、支援の言葉を使用する。つまり、福祉利用者を物事の中心に据えたとき、「援助」という概念には、援助者側からの一方的で上から福祉利用者を見下す上下関係としての（たすけ「援け、助け」）の構造がある。一方、「支援」という概念には、福祉利用者の意志を尊重し支え、その上で協力を行うという、福祉利用者主体の考え方が内在している。Bill, worrel（河東田博・その他訳）『ピープル・ファースト：支援者のための手引き』（現代書館、1996年、92頁）。
6) アマルティア・セン（鈴村興太郎訳）『福祉の経済学』（岩波書店、1988年、41-42頁）。
7) セン、前掲書、21-22頁。
8) セン、前掲書、22頁。
9) 横田、前掲書。西川潤著『人間のための経済学』（岩波書店、2000年、288-309頁）。
10) 横田、前掲書、23頁。
11) 横田、前掲書、24頁。
12) 横田、前掲書、99頁。
13) 西川、前掲書、291頁。横田洋三・その他監修『人間開発報告書1990―人間開発の概念と測定―』（国際協力出版会、1990年、8頁）。
14) 西川、前掲書、291頁）。
15) セン（池本幸生・その他訳）『不平等の再検討』（岩波書店、1999年、210頁）。
16) 西川、前掲書、292頁。

17）西川、前掲書、292頁。
18）人間開発指標については、西川の説明に依拠している（西川、前掲書、293-296頁）。
19）セン、前掲書。
20）セン（池本幸生・その他訳）、前掲書、117-133頁。川本隆史著『ロールズ』（講談社、2005年、128-129頁）。
21）西川、前掲書、302頁。セン（池本・その他訳）、前掲書、117-133頁。
22）西川、前掲書、302頁。セン（池本・その他訳）、前掲書、17-46頁。
23）西川、前掲書、303頁。
24）西川、前掲書、303頁。
25）西川、前掲書、303頁
26）西川、前掲書、307頁。
27）西川、前掲書、307頁。
28）西川、前掲書、308頁。
29）西川、前掲書、308頁。

4. 社会福祉と障害のある人の自立（自律）

（1）はじめに

　社会福祉（社会福祉【社会福祉労働手段も含めた社会福祉労働】は生活手段であるが、普通の生活手段とは違って、障害のある人の生活手段を享受する潜在能力を引き出してくれる特殊な生活手段である）と障害のある人の自立（自律）の関係は重要である。特に重度の障害のある人（障害のある児童も含む）になればなるほど、障害のある人の自立とは何かと言う事が問われてくる。そして自立は、全ての障害のある人の人間らしい健康で文化的なの生活と関係が深い事は言うまでもないが、従来、障害のある人の社会福祉等は自立と対立概念として捉えられていたように思われる。特に重度の障害のある人は社会福祉や介護等に依存する現実性及び可能性が高く、自立がなされていないと見られていた。例えば、経済的自立を重視する自立論が、経済的に自立困難な障害のある人を"半人前の人間"として切り捨てる論理として存在してきた事は、その端的な例である。しかし、こうした自立論は、自立と社会福祉等の重要な関係を否定するものである。上田敏氏は、自立と社会福祉との重要な関係を次のように述べている。「"自立"は基本的人権の重要な構成要素であり、‥‥"自立"と"福祉"とは本来不可分のものであり、自立を欠いた福祉は、しばしば上からの恩恵として与えられた福祉すなわちそれ自体が支配の一手段たるものに堕してしまう[1]。」

　こうした考えからすれば、自立においては、障害のある人が人間らしい健康で文化的な生活を成就する際に、使用価値としての社会福祉は重要な生活手段であると言ってよい（人間は誰も生活手段なしでは人間ら

しい健康で文化的な生活を成就できない)。そして、最近の障害のある人に対する人権保障の国際的な高揚の中で、このような意味での自立の重要性がより一層強調されなければならない。

ここでは、障害のある人の自立を例として、まず従来の自立に関する諸見解の整理と問題点を考察する。そして次に、筆者の新しい自立論(共同的自己管理)を考察する。最後に、自立の課題について考察する。

(2) 従来の自立の諸見解と問題点

従来の自立の諸見解は多様である。しかしここでは、政策主体の自立の見解と運動体の自立の見解を整理し、問題点を考察していく。

①政策主体の自立の見解

政策主体に見られる自立論の第一の特徴は、仲村優一氏が指摘されているように、自立の捉え方が「経済的な意味で自らの力で生計をたてること」、「働いて経済的に自活すること」にある[2]。つまり、自立を個々の独力的な経済的自立更生として捉えている。例えば、障害者基本法第6条では、「障害者は、その有する能力を活用することにより、進んで社会経済活動に参加するよう努めなければならない。」と規定し、また、身体障害者福祉法第2条においても、「すべて身体障害者は、自ら進んでその障害を克服し、その有する能力を活用することにより、社会経済活動に参加することができるように努めなければならない。」と規定されているように、障害のある人の社会福祉等においての自立の中心的な意味は、個々の障害のある人がその能力を活用して独力的に職業的及び経済的に自立更生する事と解釈されている。

確かに、全ての障害のある人が職業的及び経済的に自立更生する事は望ましい事であり、労働権は基本的人権の一つとして保障されなければならない。しかし、現実には多くの障害のある人が労働能力の欠損者と

して見なされ、労働の機会から疎外されている。そして、資本主義社会の生産様式の下での労働能力の欠損者は、社会的存在の価値のない人間として障害のある人の差別の根拠ともなっている。さらに職業的及び経済的更生を促す自立論は、障害のある人の社会福祉等からの依存の脱皮を自立と捉える考えと表裏の関係にあると言う問題点である。例えば、生活保護法が健康で文化的な最低限度の生活保障と同様にその目的に掲げる「自立助長」が、「惰眠養成」の排除を目指して、被保護者の保護への依存からの脱却を意味しているのと同じく、障害のある人の社会福祉等も障害のある人が「国家による福祉サービスの受給の必要性がなくなること」を自立と考えている[3]。

そしてその一方において、労働能力のある障害のある人は、使い方により国家や企業に貢献も可能だから、彼らに対して労働能力を開発し利用していく方向で、一定の障害のある人の社会福祉等を行うべきであると言う考え方がある。つまり、この考え方は、障害のある人が税金消費者の立場から税金納税者になっていく事にある。確かに障害のある人が税金納税者になる事は社会の構成員として望ましい事であるが、この考え方の行きつく先は、障害のある人の社会福祉等の投資効果のない職業的及び経済的更生の不可能な重度の障害のある人の切り捨てや劣等処遇的扱いの正当化に繋がり易い。

ところで、こうした個々の独力的な職業的及び経済的更生の自立の他に、個々の独力的な身辺自立を自立と考える見解がある。この見解は1954年の身体障害者福祉法の付則の別表の全面改正に見られるように、「相当に生活訓練が行われ、それまで日常の起居に他人の手をかりなければならなかった者が、自分の力で日常生活を送ることができるようになっただけでも更生である[4]」との見解が示されている。また、精神薄弱者福祉法も「重度の精神薄弱者で身辺の世話一切を他人の介助によっていたものが施設における指導訓練を受けた結果、着脱衣や食事を一人でできるようになること」も更生にあるとして、同様の見解を示してい

る[5]。確かにこれらの自立論の考え方は、職業的及び経済的更生が不可能な障害のある人が身辺自立でもって自立範囲に含めたのには評価できるし、また、個々の自力でできる事の生活範囲を増やしていくこと自体、人間にとって望ましい事である。しかし、精神薄弱者福祉法の立案者が猪見軸も言っているように、身辺自立の不可能な「精神薄弱者をそのまま放置しておいたならば、逆に経済生活より脱落して"生活保護法による援助を終生受けざるを得なくなる"結果受けるであろう"国の経済"上の"不利"が解決できる[6]」のである。つまり、身辺自立能力の獲得が国の経済的扶養からの脱皮や職業的及び経済的更生の不可欠の前提になっている。とまあれ、政策主体の職業的及び経済的自立論と身辺自立論は、個々の障害のある人が独力で職業的及び経済的自立と身辺自立を行っていく事が強調されている。そしてこれらの自立論からすれば、職業的及び経済的自立と身辺的自立が困難な重度の障害のある人は、自立の対象から除外される事になり、これを筆者は「独力的自立論」と呼ぶ。

②運動体の自立の見解

運動体の自立論の一つとして、ＩＬ（independent living）運動の考え方がある。そして、ＩＬ運動に触発されて、アメリカでは1978年に改正リハビリテーション法が成立したが、法の骨子の一つである「自立生活包括計画」はＩＬ運動の自立思想を具体化したものである。このＩＬ運動の自立論は、従来の職業的及び経済的自立や身辺自立だけを意味するのではなく、むしろ職業的及び経済的自立の可能性がなく身辺の自立にも他人の介護を要するような重度の障害のある人をも自立の対象に入れているのである。つまり、その自立の基本的な思想の第一点は、必要なサービスを活用しつつ、自由な責任主体として自らの生活を計画し、独力で自らの生活を管理していく事である。この自立論においては、生活における自己決定権、すなわち他者から拘束されず、自らの生活のあり方を自ら独力で決定していく権利を尊重し、自己決定権を行使する事

を自立論の特徴としている[7]。この自立論の生成の背景には、従来、介護の必要な重度の障害のある人が施設や病院で他人の管理の下に置かれ、人間として自由に生き、何をするにしても自主的決定をする権利が著しく制約されてきたと言う問題状況が存在していた。それ故、全面介護の必要な重度の障害のある人であっても、自らの生活のあり方について自己決定をする意志のある障害のある人は全て自立の対象とされ、精神的自立に重点が置かれているのである。と同時に、この自立を保障していく為には、介護者ケア等が不可欠である。と言うのは、自己決定権は何よりも介護者ケアの場で行使されるからである。それ故、要介護者である障害のある人には介護が恩恵的に行われるのではなく、障害のある人が自らの意志で自己に必要な介護を、公的な介護手当等の支給でもって購入し享受する事が保障されなければならない。 第二点は、自己決定権と表裏の関係にある自己選択権の行使を自立と見なしている。つまり、自らの生活のあり方を自らの責任において決定して生きる事は、生活のあり方を規定する多様な生活目標や生活様式が存在する中で、自らの責任において自らが望む生活目標や生活様式を選択して生きる事を意味するが故に、そのような自由な選択の行為自体も自立の重要な要件の一つとなるのである。従って、「自立生活とは、どこに住むか、いかに住むか、自分で生活をまかなえるかを選択する自由をいう[8]」と規定されるのは、このような意味からである。 これらの点を要約すると、この自立論は、障害のある人が職業的及び経済的自立や身辺自立等が困難でも、独力で必要な福祉サービス等を自己選択しかつ決定し活用しつつ、自由な責任主体として自らの生活を計画し管理していく事が重要視され、その意味での所謂「独力的自己管理」であると言える。

(3) 筆者の自立論

従来の自立論の一つは「独力的自立論」であり、その論拠の特徴として、

他者等の援助を受けずに個人の独力で何事も行う事が強調され、他者等との関係が看過されたものであった。一方、「独力的自己管理」も個人の独力で自立に必要な社会福祉サービス等を選択し決定する事によって、自らの生活を計画し管理する事が強調され、他者等との関係が看過されたものであった。両者の自立論に共通している事は、一人の人間の社会生活における自立を考える場合において、その人間を孤立した存在と捉え、他者等との関係を看過している事である（しかし、人間は社会的諸関係の総体の中で存在しており、人間は他者や生活手段との関係を保たないと、誰も人間らしい健康で文化的な生活は成就できない）。そしてまた、従来の自立論は、主体的側面（潜在能力を保持している生活主体者）のみに注目し、後述するように三つの側面から論じられていないと言う事である。筆者は、障害のある人の自立を考えていく場合、他者及び社会福祉等との社会関係は重要であり看過できないものであると思っている。前述したように、「『自立』と『福祉』とは本来不可分のものであり、自立を欠いた福祉は、しばしば上からの、恩恵として与えられる福祉……たるものに堕してしまいがちであろうし、逆に福祉を欠いた自立の強要は、……多数の人々にとっては福祉自体の不在に堕してしまうからである[9]」。そして、今日の資本主義社会において、他者及び商品としての生活手段の無関係で生活している人は誰も居ないし、出来るものではない。

①新しい意味における自立論

　生活手段（客体的側面）として他者及び社会福祉等との社会関係が重要であり看過できない事は前述した。と言うのは、生活手段として他者及び社会福祉等の前提を欠いた自立論は、他者及び社会福祉等を必要とするものを「自助努力の足りない怠け者」と言うように考え、人間らしい生活を送る為の「生存権としての社会福祉」を否定しがちである。それ故に、新しい意味における自立論は、三つの側面から論じる必要があ

る。何故ならば、我々の社会生活は他者も含めた社会関係を結び行われているが、岡村重夫氏が指摘されているように、三つの側面がある。つまり、一つは主体的側面、二つは客体的側面、三つは主体的側面と客体的側面との関係の側面である[10]。従って、社会生活上の自立を考えていく場合、三つの側面から考えていかなければならないと思われる。

　ア、主体的側面

　この世に存在し社会生活を営んでいる全ての人間（障害のある人＝主体的側面）は、人間らしく生きていく為の基本的要求を持っているものであり、障害のある人も例外ではない。その基本的要求は、「①経済的安定、②職業的安定、③家族的安定、④保健・医療の保障、⑤教育の保障、⑥社会参加ないし社会的協同の機会、⑦文化・娯楽の機会[11]」

　イ、客体的側面

　社会的生活の自立が可能になる為には、総合支援法及び社会福祉制度等の組織的機構及び他者（生活手段＝客体的側面）等が存在している事が必要である。そして、その総合支援法及び社会福祉制度等の組織的機構及び他者等は、障害のある人が自立的な生活をしていく上で、最低必要条件である。その総合支援法及び社会福祉制度等の組織的機構及び他者等には、「①産業・経済及び職業安定に関する制度（職業の機会の確保を促すような法律あるいは生活を保障するような制度等）、②家族安定に関する制度（家族の維持を促進する家族法等）、③保健・医療に関する制度（必要に応じて医療を受ける機会を保障した医療制度等）、④教育に関する制度、⑤社会参加及び社会的協同に関する制度、⑥文化・娯楽に関する制度[12]」、社会福祉制度等があり、他者には社会福祉労働者やボランティア等が居る。

　ウ、主体的側面と客体的側面の関係[13]

　基本的要求を持つ障害のある人は、それぞれの基本的要求に関連する社会制度等と社会関係を結ぶ事によって、その基本的要求を成就しているのであり、その過程が自立的な社会生活過程にほかならない。例えば、

義務教育の機会の要求を満たす為には、義務教育制度と社会関係を結ばなければならない。同様に介護の必要性の要求を満たす為には、総合支援法と社会関係を結ばなければならない。さらに、自分自身で自己決定し選択できない障害のある人は、他者の助言と社会関係を結ばなければならない。このように、障害のある人が自立的な社会生活を営んでいく為には、総合支援法も含めた社会制度等の組織的機構及び他者等との間にそれぞれ性質の異なる多様な社会関係を持たざるをえないのである。つまり、社会生活上の自立とは、総合支援法も含めた社会制度等の組織的機構及び他者等との社会関係であり、そして、その社会関係の質的向上は自立の質的向上をもたらすものであると結論づける事ができる。障害のある人が自立して生活していく為には、基本的要求の成就に向けられて動機づけられるのであるが、まず、客体的側面を認知しなければならない。これを認知的場面と呼ぶ。次に、認知された客体的側面を自己の基本的要求の意義との関連で識別しなければならない。これを識別的場面と呼ぶ。さらに、先の認知的場面と識別的場面によって提示された選択肢を統合し、最終的に何らかの選択及び決定を行う事が必要となる。これを評価的場面と呼ぶ。

　一般的に、こうした段階の場面を経て客体的側面との社会関係が成立するのであるが、ここでの社会関係の成立と言う意味は、障害のある人が言語及び非言語等のコミュニケーションを通して社会福祉制度も含めた社会制度等の組織的機構及び他者等の意図や考え方を理解し、自我の一部に内面化された価値や規範に照らしながら社会関係の内容を識別し、最終的に関係を結んでいくかどうかを選択し決定していくと言う事である。そして、それぞれの段階の場面において、障害のある人が自らの基本的要求の具現化を目的として、客体的側面に対して主体的に働きかけていく必要がある。さらに、この障害のある人の主体的な働きかけと言う場合、障害のある人個人が独力で選択及び決定を行っていく場合もあろうし、また、他者を通して選択及び決定を行っていく事もあろう。

特に重度の障害のある人の場合、後者の働きかけが重要になってくると思われるが、これを共同的自己管理と呼ぶ。

　以上の事を従来の自立論と比較して要約すると、新しい意味における自立は、他者からの支援と言う（いう）社会関係及び総合支援法等の社会福祉制度との社会関係を前提条件とし、これら客体的側面との社会関係の選択及び決定の行為は、共同＝集団の中で他者を通して障害のある人（主体的側面）が主体的に行うと言うものである。

②新しい意味における自立の例証

　新しい意味の自立が、客体的側面との社会関係の選択及び決定の行為を共同＝集団の中で他者を通して障害のある人が行うと言うところに特徴があるならば、これの例証を行ってみる[14]。　福岡市内に居住しているＦ氏（重度の障害のある人・36歳）は、87歳になる母と生活していた。その母が病気で亡くなって、これからの生活をどのようにしていくのか、Ｆ氏の兄弟及び今までＦ氏の生活を援助してくれたボランティアが集まり、検討する事になった。以下の場面は、この検討会議の時の模様である。

　「Ｆ氏の姉が『今日は、弟のために態々集まっていただき有り難うございます』と最初に述べる。その後に兄が、『弟は自分が住んでいる神戸に連れて行こうと思い、弟に話したら、今の所から離れるのは嫌だと言うのです』。『今の所から離れたくない気持ちは良く分かる』とボランティアＥが述べる。『でも、これから一人で生活をやって往けるだろうか』とＦ氏の姉は疑問を投げかける。Ｆ氏は言語障害も伴っている為、自己の考え方を言葉で表現できないので、じっと他者の意見を聞いている。ボランティアＷが、『今の所から離れないで生活していく為には、どのような具体策が必要なのだろうか』と述べると、Ｆ氏の兄は、『もし仮に、今の所で生活していく事ができるならば、生活費等の経済的援助は兄弟で責任を持って往きたいと』と述べる。ボランティアＨが、『それでは、このような事はどうであろうか。生活費については兄弟で責任を持って

貰う事とし、介護については、ホーム・ヘルパーや有料の介護者、そして我々ボランティアでやっていく事にしてはどうであろうか』と述べる。『しかし、それでは生活費が相当かかるけれども、兄弟の方々の援助が可能なのだろうか』とボランティアAは疑問を投げかける。『生活費については、ボランティアの人達には迷惑をかけない』とF氏の兄は強調して述べる。そして、ボランティアHが、『ボランティアの方も、できるだけ介護費等がかからないように援助して往こう』と述べると、咄嗟にF氏が足で畳みを叩き、兄弟及びボランティア等の援助により今の所で生活していく事の選択及び決意（決定）を表明する。F氏の決意の表明後、約5分ほど沈黙が続いた。F氏の兄が、『皆さんの援助がなければ、弟はここで生活していけませんが、協力して下さるようお願いします』と述べると、『それじゃ、今まで以上に仲間同士で助け合って往こう』とボランティアHが述べる」。

　この検討会議の模様から次のような事が言える。つまり、個人の独力で客体的側面（この例証では、兄弟及びボランティア等の他者と身体障害者福祉法によるホーム・ヘルパー制度等）との関係の選択及び決定の行為が出来ないF氏は、共同＝集団の中で他者（兄弟及びボランティア等）との社会関係を通して（他者の発言の内容を主体的に受けとめ把握する事によって）、客体的側面との社会関係の選択及び決定の行為を行っている。これは障害者の自立生活についての考え方を他者の発言の内容に適合させた（F氏が足で畳みを叩く事によって他者の発言の内容に適合させている事）ものであると同時に、共同＝集団における相互作用の一つである同調の生成を実証している。

　それでは、同調の生成をどのように理解すべきであろうか。この点を考えていく場合、示唆を受けるものとしてヘーゲルの自立思想が挙げられる[15]。ヘーゲルは、「自己意識は他の自己意識から承認されたものとしてのみ存在する」と述べる。と言うのは、「自己意識は‥‥‥、他者のうちに自己自身をみるからである」。そして、「自己意識のこの運動は

……、一方のものの行為と考えられていた。とはいえ、一方のものの行為は、それ自身、自己の行為でありまた他者の行為であるという、二重の意味をもっている。なぜならば、他方もやはり独立であり、自分で完結しており、自己自身によらないであるようなものは、他方のなかには何もないからである」と述べている。要するに、自己意識は、自分の外に自分と関係の深い対象をもち、これに働きかけ、あらたな自己を生みだして往くものである。所謂、働きかける者が働きかけられて自己を生みだすと言う事であり、自立は他者への依存とお互いの承認によって可能であると言う事である。この点を先の例証と関連して考えてみると、次のように理解する事が妥当である。

　F氏は検討会議という共同＝集団の中で、働きかける主体として存在している。そして、働きかけ（兄弟及びボランティア等の意見を聞く事）、また他者（兄弟及びボランティア等）に対して働きかけている自分の姿を見いだす（F氏が兄弟及びボランティア等の他者の意見を聞いた上で、兄弟及びボランティアの援助の下に、今の所で生活していく事の選択及び決定を、足で畳を叩く事によって表現している事）。これは、F氏が共同＝集団の中で他者との社会関係を通して自己自身による選択及び決定の行為を行っているものと言える。

　以上の事を踏まえて自立とは何か、その定義を試みるならば、以下のように定義を行うことができる。自立とは、社会福祉及び他者（客体的側面）等との社会関係を前提条件として、障害のある人の主体的側面（共同的自己管理）が共同＝集団の中で主体的に客体的側面に働きかけ自立に必要な社会福祉及び他者等を選択し決定する事によって、自らの生活を計画し管理する事であると言える。

(4) 自立の課題

　自立においては、障害のある人（主体的側面）と総合支援法の社会福

祉制度も含めた社会制度等の組織機構及び他者（生活手段）等の客体的側面との間の社会関係であるならば、その社会関係を豊かにしていく為の課題はどのような事が考えられるだろうか。

　まず主体的側面（障害のある人）の第1点の課題は、学校教育及び福祉教育等によって共同（集団）の社会関係中で生きていく人間らしい健康で文化的な抽象的人間生活力（抽象的人間生活力とは、生活する際に支出する脳髄・神経・筋肉等を意味する）・抽象的人間労働力（抽象的人間労働力とは、労働する際に支出する脳髄・神経・筋肉等を意味する）を向上させていく事であり、必要に応じて共同（集団）の社会関係を結び、実践していく事である。第2点の課題は、学校教育及び福祉教育等によって総合支援法の社会福祉制度も含めた社会制度等の組織機構及び他者等の客体的側面（生活手段）との間に社会関係を結ぶ事によって障害のある人の客体的側面に関する認知・識別・評価の能力を向上させ、障害のある人自らの社会生活を管理する力を向上させる事である（これを自己管理能力と言う）。

　次に客体的側面であるが、次のような課題がある。まず第1点の課題は、雇用保障と所得保障の改善である。障害のある人が社会的自立を行っていく上で、雇用保障は重要な問題である。現在、法定雇用率を設定し障害のある人の雇用の促進を図っているが、この雇用率はあくまでも目標値としての努力規定的な意味で何ら強制力がない為、雇用率未達成事業所が多い。また、法定雇用の適用対象（法定雇用率への算入も身体障害のある人と精神薄弱のある人に限定されている）となる障害のある人の枠の拡大や、現行法定雇用率そのものの引き上げ及び最低賃金制度の適用と伴に、より軽度の障害者に雇用が傾斜しがちな現状を考慮し、1～2級の重度の障害のある人の一定割合の雇用を法的に義務づける措置が早急に検討される必要があると同時に、保護工場、企業内保護雇用、障害のある人の生産協同組合と言った保護制度の本格的な導入も、重度の障害のある人の雇用保障を促進する為の不可欠な課題である。また、当

面する雇用の改善策[16]の第1点は、公共職業安定所の改善である。と言うのは、公共職業安定所の窓口職員の異動が頻繁で専門性が保持されない面があり、業務分担が分かれ過ぎていて機能的ではない。それ故、公共職業安定所においては、一時的な担当ではなく専門性を備え、また権限をもたせ、企業への立入調査、障害のある人を雇用する為の職務再計画の指導等を協力に行わせる事が必要である。第2は、職業センターを改善する事である。と言うのは、職業センターの中には、評価のみに埋没したり、手帳を持った障害のある人のみしか扱わないと所がある。それ故、全国的に職業センターの水準を統一し、レベルの高いサービスが望まれる。第3点は、職業訓練機関の充実である。職業訓練機関の中には、訓練内容が障害者のニーズと企業の要請両面から時代にマッチしないものも残っている。それ故、訓練内容が時代にマッチしないものは、検討が望まれる。第4点は、雇用律未達成企業名の公表制度の活用である。と言うのは、雇用率未達成企業名の公表によって、雇用率を改善する企業が多くなってきている。それ故、雇用率未達成企業名の公表による世論形成によって、企業の社会的責任を追及していく必要がある等である。

　一方、所得保障については、現在、生活保護、年金、手当等があるが、これらの所得保障が障害により失われた稼得能力の補填と重度障害により特に必要となる費用の補填の双方の観点を踏まえて行われていない。それ故、障害のある人が地域で自立生活を営むのには、経済的に自活するに足りる所得保障が必要である。従って、この点で求められるのは、現行の生活保護等の所得施策の改善である。と言うのは、「障害者への年金や手当が不十分な中で、自立生活を確保するには、現在では生活保護に頼らざるをえないが、その生活保護の運用には、依然として"自立助長"や"資産調査"の名によるプライバシーへの介入[17]」が後を起たず、また、「補足性の原理に基づく民法上の扶養義務者による扶養の優先と世帯単位の原則は、親兄弟からの自立という障害のある人の基本的要求

と対立[18)]」するからである。そこで障害のある人にとって自立を具現化していく事に値する所得保障制度の確立が要請される。それは具体的には、全ての障害のある人が人間らしい生活を営み得るに足りる所得保障制度に改善していく事である。

　第2点の課題は、介護保障の整備である。重度の障害のある人が社会的に自立して生活を営んでいく為には、介護保障が重要な条件となる。我が国では公的な介護として、「所得制限をはずし応能負担を拡大し、派遣回数と時間数を1日4時間1週6日、延べ18時間までに増加した。1988年には、ガイドヘルパー派遣事業を統合した制度に、そして1989年には実施主体の拡大、ヘルパーの増員が図られた。サービスの内容も、従来の家事援助、相談・助言に、身体の介護、外出時の付き添いが加えられた[19)]。」また、「日常生活において常時特別の介護を要する在宅の重度障害者に支給されている特別障害者手当は、国が1986年に創設した介助手当で、月額2万4,630円（1993年度）である[20)]。」しかし、「現実には、ヘルパーの絶対数の不足から、派遣の申請があっても即時に対応することは困難で、1年以上待機させられている例も少なくない。派遣回数、時間数も1日2〜3時間、1週2日程度では、家族の過重な負担の軽減、地域での自立生活への移行には程遠い状況であるといわざるをえない[21)]。」また、「国の特別障害者手当を真に実効性のある介助手当に拡充していくことが今後の課題であるといえる[22)]。」この点で、ＩＬ運動の介護理念から学ぶべき事が多い。と言うのは、ＩＬ運動の中で、介護なくしては「学校、仕事、遊び、政治生活、社会活動などに参加することが出来ないという観点から、個々人の身体的生存に必要な利益、生存の権利であると見なされている。その特質において介助は公民権と同等の重みをもった、奪うことのできない性格を持っている[23)]。」と重要な条件として位置付けている。つまり、介護の必要度の高い障害のある人が社会的に自立して生活を営んでいく為には、人間らしい健康で文化的な生活に必要な生活費の保障と同時に、必要な時必要なだけの介護

を公的かつ社会的に保障していくシステムの整備も不可欠であると言える。

　第3点の課題は、居住福祉の整備と保障である。1995年7月4日の社会保障制度審議会は次のような勧告を行っている。「住宅及びまちづくりは、従来、社会保障制度に密接に関連するとの視点が欠けていた。このため、高齢者、障害のある人等の住みやすいという点からみると、諸外国に比べて極めて立ち遅れている分野である[24]。」「我が国の住宅は社会における豊かな生活を送るためのものとしては余りにもその水準が低く、これが高齢者や障害者などに対する社会福祉や医療の負担を重くしている一つの要因である[25]。」この勧告のように、障害のある人用の公的住宅の量的不足や質的水準の低さ、高金利の民間融資等の対策の不備に加えて、重度の障害のある人の自立生活に必要な住宅対策は基本的に欠落している。また、障害のある人用の公的住宅の量的不足の為、民間の住宅を賃貸せざるをえないが、その場合、障害のある人用の住宅に改造希望を示せば、賃貸を拒否される場合が多い。ともあれ、「自立生活を支える基盤となりうる住宅には、個人のプライバシーと最低限の快適な生活空間を保障し、できるかぎり身辺動作の自立に必要な諸設備を備えた『住宅性』、必要なときに必要なだけの介護が得られる『介護性』、緊急連絡、通報、防犯のシステムなどを備えた『保護性』、住民との日常的、社会的交流を可能にする『社会性』を配慮した内容のものが求められる[26]。」また、「障害者が一般の非障害者と同様な条件で、自ら選ぶ場に居住しうるには、住宅の相談、斡旋機関が各地域社会に配備されることも必要である[27]。」と言うのは、「障害者個人が家主や不動産屋に直接賃貸を交渉すると、偏見のため意志疎通上のトラブルが起こったり、不利な立場にたたされ、利用困難となる場合も多いからである[28]。」つまり、福祉との連携を重視した障害のある人用の住宅政策の促進が不可欠である。

　第4点の課題は、移動の保障である。我が国では、生活圏の拡大の為

の方策として、福祉のまちづくり、障害のある人の施設送迎、鉄道等の運賃割引制度、スペシャル・トランスポート・サービス（例えば、リフト付き車両のドア・ツー・ドアサービス等の障害者専用の交通システム、盲人ガイドヘルパー、重度肢体不自由者移動介助サービス等）が講じられてきたが、重度の障害のある人の移動保障と言う点ではまだ不十分な状況である。この不十分な状況を打開していく為には、障害のある人が住宅から外に出て、地域で参加し、活動しうる為の生活環境の整備と重度の障害のある人が「安全に移動し、利用できるような公共輸送機関の整備と、その生活圏拡大に柔軟に対応しうる公私の人的な移動介助サービスの充実が急務の課題である。と同時に、『公共輸送機関としてのバスなどを利用できないすべての障害者に証明書が与えられ、タクシー利用には一般的なバス代程度を支払えばよく、その差額を公費で補助する』といった交通特別サービスや、障害者用の公共輸送車の配置といった移送サービスが整備されてはじめて、重度障害者の日常的な移動保障が可能となるのである[29]。」

【注】
1) 上田敏著『リハビリテーションを考える』（青木書店、1983年、23頁）。
2) 仲村優一「社会福祉行政における自立の意味」（小沼正編『社会福祉の課題と展望』川島書店、1982年、114頁）。
3) 仲村、前掲論文、114～115頁。
4) 笛木俊一「法における「障害者」概念の展開―社会保障法領域を中心とする試論的考察―」（『ジュリスト』No.744、有斐閣、1981年、144頁）。
5) 笛木、前掲論文、145頁。
6) 笛木、前掲論文、144頁。
7) 石川准「米国における障害者の『自立生活』概念の転回」（『海外社会保障情報』No.65、社会保障研修所、1984年）を参考にする。
8) マイケル・ウィンター・その他著「自立生活・選択する権利」（障害者自立生活　セミナー実行委員会編『障害者の自立生活』、1982年、114頁）。
9) 上田、前掲論文、23頁。
10) 岡村重夫著『社会福祉原論』（全国社会福祉協議会、1984年、68～92頁）。

11）岡村、前掲書、82頁。
12）岡村、前掲書、85頁。
13）岡村、前掲書、84〜92頁。
14）この事例は、話し合いの日（1986年6月15日）に筆者がF氏の自宅を訪問し記録を行う。
15）ヘーゲル（堅山欽四郎訳）『精神現象学』（河出書房、1973年、115頁）。
16）加納正「障害者雇用の拡充」（障害者の生活と権利を守る全国連絡協議会・その他編『障害者の人権20の課題』全国障害者問題研究会、1992年、120〜121頁）を参考にする。
17）寺田純一「障害者にとって自立とは何か」（『季刊労働法・現代の社会福祉』別冊第8号、総合労働研究所、1981年、170頁）。
18）寺田、前掲論文、169〜170頁。
19）三ツ木任一「地域生活への援助」（障害者の生活と権利を守る全国連絡協議会・その他、前掲書、191頁）。
20）三ツ木、前掲書、192頁。
21）三ツ木、前掲書、191頁。
22）三ツ木、前掲書、192頁。
23）ガベン・デジョング・その他「自立生活サービスの原型としての介助」（障害者自立生活セミナー実行委員会編『障害者の自立生活』障害者自立生活セミナー実行委員会、1983年、96頁）。
24）早川和男著『居住福祉』（岩波書店、1997年、135頁）。
25）早川、前掲書、135頁。
26）定藤丈弘「障害者の自立と地域福祉の課題」（岡田武世編著『人間発達と障害者福祉』川島書店、1986年、167頁）。
27）定藤、前掲書、167頁。
28）定藤、前掲書、168頁。
29）定藤、前掲書、168頁。

5. 障害のある人の総合支援法の矛盾と課題

(1) はじめに

　現代資本主義社会における生産様式（生産様式は、生産力と生産関係の統一である）の下での障害のある人（ここで「障害者」と言う用語をしない理由は、「障害者」と言う用語があたかもその人の全人格を決定づけ、他者と完全に異なる社会的集団であるかのような誤解を与え易いからである[1]）の総合支援法は、2012年6月27日に「障害者の日常生活及び社会生活を総合的に支援する為の法律「以下、総合支援法と言う」」が公布され、2013年4月1日から施行された。そして、障害のある人の総合支援法に至る経緯は次のような事である。

　障害のある人の社会福祉は、社会福祉基礎構造改革での身体障害者福祉法・知的障害者福祉法・児童福祉法改正による支援費制度制定を出発点として大きな矛盾を抱えるようになった。平野方紹氏が指摘されているように、「2003年（平成15年）に施行された支援費制度は、『措置から契約へと』という、障害者福祉サービスシステムの根本的再編であったが、急増した障害者のニードに財政が追いつかず、当時の自民党小泉政権による地方財政をめぐる『三位一体改革』の余波を受けて、国からの補助制度の存続が危うくなるなど、障害福祉制度そのものの存続が危機的となるなかで、障害者の自立促進を目標に掲げ、『制度の持続可能性』をうたった障害自立支援法が2005年（平成17年）に成立し、2006年（平成18年）度から施行されることとなった[2]。」「しかし、障害者自立支援法は、利用者負担の応益負担化、障害程度区分の導入などにより障害当事者やその関係者から大きな反発を招くこととなり、施行直後

から特別措置による利用者負担の軽減や施設経営支援などの対応を余儀なくされた[3]。」しかも「障害者の側では、障害者自立支援法そのものが、障害者にとって日本国憲法が定めた基本的人権を損なうものとして『障害者自立支援法違憲訴訟』が全国各地で提訴されることになった[4]。」こうした状況に対応する為に、障害者自立支援法の廃止と新たな障害のある人の総合支援法制定へ向けて検討が進められ、2012年6月27日に「障害者の日常生活及び社会生活を総合的に支援するための法律『以下、総合支援法と言う』」が公布され、2013年4月1日から施行された。

　こうした経緯で制定された障害のある人の総合支援法には矛盾が存在していないだろうか。ここでは、資本主義社会の生産様式との関連で障害のある人の総合支援法の分析を行い、そしてそもそも障害のある人の総合支援法とは何かと言うその定義を行い、しかもその上で、どのような矛盾が存在しているのか、さらにその矛盾を打開していくための課題は何かについて考察していく。

（2）障害のある人の総合支援法とは何か

　障害のある人の総合支援法による「障害福祉サービスとは、居宅介護、重度訪問介護、同行援護、行動援護、療養介護、生活介護、児童デイサービス、短期入所、重度障害者包括支援、共同生活介護、施設入所支援、自立訓練、就労移行支援、就労継続支援及び共同生活援助を」（障害のある人の総合支援法第5条）言う。そして、障害のある人が人間らしい健康で文化的な最低限度の生活を営んでいくために、介護給付・訓練等給付を必要とし利用したいと考える人本人[5]（本人が18歳未満の場合はその保護者）または保護者が市町村に支給申請を行う。申請が受理されると、次のように障害程度区分の判定が行われる。

　介護給付では、ここで判定された障害程度に応じて、サービス利用に制約が加えられるほか、事業者に支払われる報酬単価が障害程度ごとに

決定される。訓練等給付では、区分ごとの報酬単価の決定とともに、サービス利用の優先順位等を判断する材料とされる。介護給付の障害程度区分判定は、訪問調査（調査項目は106である）の聞き取り結果にもとづくコンピュータによる一次判定と、市町村審査会による二次判定を経て決定される（訓練等給付は、一次判定結果で障害程度が確定する）。そして、申請者に障害程度区分認定の結果が通知された後、あらためて利用者のサービス利用意向が聴取される。これらの手続きを経て、介護給付の支給決定が行われる。この期間中に事業者は、申請を行った障害のある人の個別支援計画案を作成し、訓練効果が見込まれるかどうかを判断する（訓練効果が見込まれると判断されれば支給決定が行われ、訓練効果が見込まれない場合、受けるサービスの見直しや別の事業者での再評価等が求められる）。

　次に障害のある人の総合支援法における自立支援医療を必要とし利用したいと考える障害のある人本人（18歳未満の場合はその保護者）または保護者が、自立支援医療のうち旧育成医療を希望する人は都道府県・政令市・中核市に、申請書に医師の意見書・所得確認書類等を添えて申請を行う。都道府県・政令市・中核市は審査のうえ、支給認定を行う場合は医療券を交付する（不承認の場合は不承認通知を交付する）また、自立支援医療を必要とし利用したいと考える障害のある人本人または保護者が市町村に、申請書に医師の意見書・所得確認書類等を添えて申請を行う。市町村は必要に応じて身体障害のある人の更生相談所の判定等を受け審査し、支給認定を行う場合は自立支援医療受給者証が交付される（不承認の場合は不承認通知書が交付される）。

　さらに障害のある人の総合支援法における補装具を必要とし利用したいと考える障害のある人本人（18歳未満の場合はその保護者）または保護者が、市町村に費用支給の請求を行う。申請を受けた市町村は、更生相談所等の意見をもとに、補装具費の支給を行うことが適切であるかどうかを判断し、交付する場合は種目と金額を示した費用支給決定を行

う。支給決定を受けた障害のある人は、事業者と契約を結び、事業者から補装具購入（修理）のサービス提供を受ける。サービス提供を受けた障害のある人は、事業者に費用全額を支払った上、市町村に補装具費（通常要した費用の90％）を請求し、市町村から支払いを受ける（このように償還払いの方式がとられるため、障害のある人はいったん費用を全額立て替えなければならない）。

　最後に障害のある人の総合支援法における地域生活支援事業サービスを必要とし利用したいと考える障害のある人本人（18歳未満の場合はその保護者）または保護者が市町村に申請を行う。ただし地域生活支援事業サービスは、市町村ごとに事業サービス内容が定められている為、利用手続きについては市町村で異なっている。

　そして、支給決定を受けた障害のある人は、利用するサービス利用計画書の下に居宅介護労働（居宅において、入浴、排尿・排泄及び食事等の介護、調理、洗濯及び掃除等の家事並びに生活等に関する相談及び助言その他の生活全般に亘る支援を行う労働）、同行援護労働（外出時において、当該障害のある人等に同行し、移動に必要な情報を提供すると伴に、移動の支援、排尿・排泄及び食事等の介護その他の当該障害のある人等の外出時に必要な支援を行う労働）、行動援護労働（行動する際に生じ得る危険を回避する為に必要な援護、外出時における移動中の介護、排尿・排泄及び食事等の介護その他の当該障害のある人等が行動する際に必要な支援をする労働）、療養介護労働（主として昼間、病院において、機能訓練、療養上の管理、看護、医学的管理下における介護及び日常生活上の世話をする労働）、生活介護労働（主として昼間、障害のある人の支援施設等の施設において、入浴、排尿・排泄及び食事等の介護、調理、洗濯及び掃除等の家事、生活等に関する相談及び助言その他の必要な日常生活上の支援並びに創作的活動及び生産活動の機会の提供その他の身体機能又は生活能力の向上の為に必要な支援を行う労働）、短期入所労働（障害のある人の支援施設等の施設に短期間の入所をさせ、

入浴、排尿・排泄及び食事の介護その他の必要な支援を行う労働)、共同生活介護労働(主として夜間、共同生活を営むべき住居において、入浴、排尿・排泄又は食事等の介護、調理、洗濯又は掃除等の家事、生活等に関する相談又は助言、就職先その他関係機関との連絡その他の必要な日常生活上の支援を行う労働)、施設入所支援労働(主として夜間において、入浴、排尿・排泄及び食事等の介護、生活等に関する相談及び助言その他の必要な日常生活上の支援を行う労働)、自立訓練労働（自律訓練労働には、機能訓練労働と生活訓練労働がある。機能訓練労働は、障害のある人の支援施設若しくはサービス事業所又は居宅において、理学療法、作業療法その他必要なリハビリテーション、生活等に関する相談及び助言その他の必要な支援を行う労働。生活訓練労働は、障害のある人の支援施設若しくはサービス事業所又は居宅において、入浴、排尿・排泄及び食事等に関する自立した日常生活を営む為に必要な訓練、生活等に関する相談及び助言その他の必要な支援を行う労働)、就労移行支援労働(生産活動、職場体験その他の活動の機会の提供その他の就労に必要な知識及び能力の向上の為に必要な訓練、就職活動に関する支援、その適性に応じた職場の開拓、就職後における職場への定着の為に必要な支援を行う労働)、就労継続支援労働（雇用契約の締結等による就労の機会の提供及び生産活動の機会の提供その他の就労に必要な知識及び能力の向上の為に必要な訓練その他の必要な支援を行う労働）等[6]を享受し人間らしい健康で文化的な最低限度の生活を成就する。そして多くの場合、障害のある人へのこれらの社会福祉労働（福祉労働手段も含む）は複合的に行われるとは言え、これらの社会福祉労働の事実の現象の認識に留まらず、これらの社会福祉労働の事実の現象の内的関連性と相互依存性において、これらの社会福祉労働の事実の現象を分析してその本質を剔出していく必要がある（と言うのは、科学は事実の現象を分析して本質を剔出していくものである）。

とするならば、障害のある人の総合支援法における社会福祉労働の具

体的有用労働は第1に障害のある人にとって使用価値であり、社会福祉労働の固有価値を障害のある人が享受する事によって人間らしい健康で文化的な最低限度の生活を成就する事が必要（重要）である（障害のある人の潜在能力〔抽象的人間生活力＝人間が生活の際に支出する脳髄・神経・筋肉等を意味する〕によって、日常の生活過程において生活手段である社会福祉労働を活用＝享受する事によって、障害のある人が人間らしい健康で文化的な最低限度の生活を成就していく事である）。と言うのは、アマルティア・センが指摘されているように、「『福祉』（well-being）はひとが実際に成就するもの—彼／彼女の『状態』（being）はいかに『よい』（well）ものであるか—に関わっている[7]。」（傍点、筆者）ものであり、人の機能（機能とは人が成就しうる事、彼／彼女が行いうる事、なりうる事である）にまで注目しなければならない。「たとえば、あるひとが栄養の摂取を困難にするような寄生虫性の病気をもっていれば、他のひとにとって十分過ぎるほどの食物を消費しえたとしても、彼／彼女は栄養不足に苦しむかもしれないのである。ひとの福祉について判断する際には、彼／彼女が所有する財の特性に分析を限定するわけにはいかない。われわれは、ひとの『機能』（functioning）にまで考察を及ぼさねばならないのである。財の所有、従ってまた財の特性に対する支配権は個人に関わることであるが、財の特性を数量的に把握する方法はその財を所有するひとの個人的特徴に応じて変わるわけではない。自転車は、それをたまたま所有するひとが健康体の持ち主であれ障害者であれ、ひとしく『輸送性』と言う特性をもつ財として処理されてしまう。ひとの福祉について理解するためには、われわれは明らかにひとの『機能』にまで、すなわち彼／彼女の所有する財とその特性を用いてひとはなにをなしうるかにまで考察をおよぼさねばならないのである。たとえば、同じ財の組み合わせが与えられても、健康なひとならばそれを用いてなしうる多くのことを障害者はなしえないかもしれないという事実に対して、われわれは注意を払うべきである[8]。」（傍点、筆者）

そして、この人間らしい健康で文化的な最低限度の生活の実現は、それが例えば、物質的生産物（施設や福祉機器等）で生じようと、人的サービス（ホームヘルプサービス等）あるいは物質的生産物と人的サービスとの併用で生じようと、少しでも社会福祉労働の使用価値の事柄の性質を変えるものではない。重要なのは、障害のある人の総合支援法による社会福祉労働がコミュニケーションを媒介として障害のある人に対象化・共同化[9]される事によって、人間らしい健康で文化的な最低限度の生活が成就される事である。この人間らしい健康で文化的な最低限度の生活の成就は、二重の観点から、即ち質と量の面から分析されていく必要があるが、その成就は障害のある人にとって使用価値にする。

　使用価値は、障害のある人の人間らしい健康で文化的な最低限度の生活の成就であるが、その使用価値を捨象するならば、障害のある人に対する社会福祉労働に残っているものは、無差別に人間労働のその支出の形態（人的サービス提供形態の社会福祉労働、生活手段提供形態の社会福祉労働、金銭給付形態の社会福祉労働等）には関わりのない抽象的人間労働（抽象的人間労働とは、人間が労働の際に支出する脳髄、筋肉、神経、感官等を意味する）の支出の、ただの凝固の社会関係のほかには何もない。これらの事が意味している事は、ただその社会福祉労働の利用者である障害のある人の体内に社会福祉労働者の抽象的人間労働が福祉労働手段と伴に支出されており、積み上げられていると言う事だけである（障害のある人の体内に抽象的人間労働力〔人間が労働の際に支出する脳髄、筋肉、神経、感官を意味する〕と抽象的人間生活力〔抽象的人間生活力とは、人間が生活の際に支出する脳髄、筋肉、神経、感官等を意味する〕が形成される）。このようなそれらに共通な社会関係の結晶として、これらのものを価値（価値の実体は抽象的人間労働である）と言う。つまり、抽象的人間労働が価値になるのは、人間の生存の根本的要素である自然素材と抽象的人間労働とが結合し、凝固状態の社会関係にあるからである。とするならば、社会福祉労働の享受者である障害

のある人（人間）と雖も自然素材と同次元（人間も自然的存在であり、自然の一部であると言う意味）にあり、しかも人間（障害のある人）の体内に抽象的人間労働（社会福祉労働者の抽象的人間労働）がコミュニケーションを媒介として対象化・共同化（結合し凝固と言う社会関係にある）されているのである。そして、物質的生産におけるどんな労働も、使用価値対象である事なしには価値でありえないように、どんな社会福祉労働も、使用価値である事なしには価値ではありえない。

　また、現代資本主義社会では、単に価値を形成するだけではなく、剰余価値も形成する。と言うのは、国家は社会福祉のような「"人間投資"は、経済発展の基底（経済発展の基底は利潤であり、利潤の原泉は剰余価値である―挿入、筆者）をなすもの、経済発展に背くものではなく、その発展とともにあるのである[10]」と考えており、購入した社会福祉労働力の使用価値（賃金）よりも高い価値を欲するからである。国家は社会福祉労働者に労働力の使用価値（賃金）を支払うが、社会福祉労働者が一労働日（1日の労働時間）中で障害のある人に対象化・共同化した価値は、社会福祉労働力の使用価値（賃金）を超える部分を含む。すなわち一労働日は、必要労働＝支払い労働と剰余労働＝不払い労働との2つの部分からなる。例えば、障害のある人の総合支援法における居宅介護の中の身体介護は30分以上1時間未満が4,020円である。1日の中で30分以上1時間未満の身体介護を行うものとすると、30分以上1時間未満2,010円である必要労働＝支払い労働の価値を超える余分の価値である2,010円の剰余価値が生成すると推定できる。

　現代資本主義社会に存在している障害のある人の総合支援法を研究対象とする場合、以上の点に加えて次のような点に留意する必要がある。第1点は、障害のある人が担っている生活問題（生活手段の不足・欠如と生活手段の不足・欠如から関係派生的に生成してきた障害のある人の潜在能力〔抽象的人間生活力・抽象的人間労働力〕の維持・再生産・発達・発揮の阻害〔潜在能力の不足・欠如〕）は現代資本主義社会の法則によっ

て社会的に生み出され、あるいはその生成が促進・助長されていると言うことである。例えば、生活手段である所得を例にして考えると、現代資本主義社会における資本[11]は、物質的生産において剰余価値及び特別剰余価値[12]による独占資本の蓄積を行うのであるが、この資本の蓄積過程はカール・マルクスが次のように指摘している。資本主義社会の下では、生産力が増えるにつれて、「資本の有機的構成や資本の技術的形態の変化はますます速くなり、また、ある時は同時に、ある時は交互に、この変化に襲われる生産部面の範囲は広くなる。だから労働者人口は、それ自身が生み出す資本蓄積につれて、ますます大量にそれ自身の相対的過剰化の手段を生み出すのである[13]。」「社会的な富、現に機能している資本、その増大の規模とエネルギー、したがってまたプロレタリアートの絶対的な大きさとその労働の生産力、これらのものが大きくなればなるほど、産業予備軍も大きくなる。自由に利用されうる労働力は、資本の膨張力を発展させるのと同じ原因によって発展させられる。つまり、産業予備軍の相対的な大きさは富の諸力といっしょに増大する。しかしまた、この予備軍が現役労働者に比べて大きくなればなるほど、固定した人口はますます大量になり、その貧困はその労働苦に正比例する。最後に、労働者階級の極貧層と産業予備軍とが大きくなればなるほど公認の受救貧民層もますます大きくなる。これが資本主義的蓄積の絶対的な一般法則である[14]。」（傍点、筆者）そして、「資本が蓄積されるにつれて、労働者の状態は、彼の受ける支払いがどうであろうと、高かろうと安かろうと、悪化せざるをえないということになるのである。……、相対的過剰人口または産業予備軍をいつでも蓄積の規模およびエネルギーと均衡を保たせておくという法則は、ヘファストスのくさびがプロメテワスを岩に釘づけにしたよりももっと固く労働を資本に釘づけにする。だから、一方の極での富の蓄積は、同時に反対の極での、すなわち自分の生産物を資本として生産する階級の側での、貧困、労働苦、奴隷状態、無知、粗暴、道徳的堕落の蓄積なのである[15]。」そして、この相対的過剰人口

は、基本的には3つの形態（流動的過剰人口[16)]、潜在的過剰人口[17)]、停滞的過剰人口[18)]）として存在するが、社会問題としての生活問題を担った障害のある人は相対的過剰人口の内に含まれているのであって、障害のある人も含めた労働者階級や中間階級等の生活問題は、相対的過剰人口とともに冨の資本主義的な生産及び発展の一つの必須条件となっている。

　このように、労働者階級や中間階級等に属している障害のある人の社会問題としての生活問題の生成は、現代資本主義社会の構造的法則そのものの直接的な表現である。そして、障害のある人は、生産手段・生活手段からも自由である。それ故、唯一所有している労働力の使用権の販売によって賃金（所得）を獲得しなければ障害のある人自らの人間らしい健康で文化的な生命・抽象的人間労働力の維持・再生産・発達・発揮が不可能であるところに生活問題の根本問題がある（障害のある人は労働力の欠損者として見なされている為に失業率が高く、社会福祉の必要性は高い[19)]）。第2点は、何らかの解決、緩和、改善等を必要とする障害のある人の生活問題状況が一定の社会的な広がりをもって存在している事である。第3点は、生活問題状況に対して、その解決、緩和、改善等を求める障害のある人の社会福祉実践・運動が伴っていると言う事である。と言うのは、生活問題状況が存在するだけでは、社会的な関心を集め、解決、緩和、改善の為に社会的エネルギーを動員する事は困難である。障害のある人の社会福祉実践・運動の担い手やその規模は多様でありうるが、障害のある人の生活問題状況は、障害のある人の社会福祉の対象として、生活問題状況が成熟する以前に、その解決、緩和、改善を求める障害のある人の社会福祉実践・運動が先行していた。つまり、障害のある人の生活問題状況に対して、解決、緩和、改善を求める能動的な働きかけが重要であり、また、能動的な働きかけの社会的エネルギーを掘り起こしていく事が重要である。第4点は、生活問題状況に対する解決、緩和、改善が国家（地方自治体も含む）や総資本の目的（前述し

た価値・剰余価値の形成) と一致する事である。と言うのは、生活問題状況がそれとして成熟し、障害のある人が社会福祉の対象として認知される場合においても、必ずしも生活問題の担い手の全てが、障害のある人の社会福祉の具体的な対象者となるとは言えず、明確に価値・剰余価値形成の担い手でない、あるいはなり得ないと国家及び総資本が認識する障害のある人は、社会福祉から切り捨てられるかあるいは劣悪な水準の社会福祉の対象者となる。それ故、真田是氏が指摘されているように障害のある人の社会福祉の対象者は、純粋に生活問題からだけ析出される範疇としてあるのではなく、対象の性格と政策主体とで合成された範疇として見るのが妥当である。

　以上の点を要約して障害のある人の総合支援法とは何かを定義するならば、次のような定義が可能である。つまり、障害のある人の総合支援法とは、現代資本主義社会の法則によって生成してきた社会問題としての生活問題（生活手段の不足・欠如と生活手段の不足・欠如から関係派生的に生成してきた障害のある人の潜在能力〔抽象的人間生活力・抽象的人間労働力〕の維持・再生産・発達・発揮の阻害〔潜在能力の不足・欠如〕）の担い手である労働者階級や中間階級等の相対的過剰人口の一員である障害のある人及び保護者・障害のある人の社会福祉労働者等を中心とした人々の生存権的平等保障活動・運動に影響されて、生活問題の担い手に向けられた総資本の為の価値の形成・支配と剰余価値の取得・支配の国・地方自治体の社会福祉の総称であって（本質＝構造的認識）、その本質の現象的表現は、部分的あるいは全体的に福祉利用者の生活問題に対応する精神的・物質的な支援及び保護等の使用価値を、公私の社会福祉労働及び活動・社会福祉労働手段及び活動手段・コミュニケーションを生活手段として、個別的・集団的・組織的及び総合的に保障し、それらの生活手段を福祉利用の障害のある人が享受し、人間らしい生活（人間らしい健康で文化的な生命・抽象的人間労働力の維持・再生産・発達・発揮）を日常の生活過程で成就するところにあると言える。

(3) 障害のある人の総合支援法の矛盾

　前述においては、障害のある人の総合支援法による社会福祉労働内に使用価値と価値・剰余価値が矛盾対として統一して存在している事を分析した。前者（使用価値）は、現代資本主義社会と言う歴史性を捨象して障害のある人の総合支援法による社会福祉労働を分析したものである。後者（価値・剰余価値）は、現代資本主義社会と言う歴史性との関連で障害のある人の総合支援法による社会福祉労働を分析したものである。以下では、剰余価値を高めていく市場福祉を拡大し浸透していけば、次のような矛盾が顕在化し深刻化してくる。

　まず第1点は、障害のある人の総合支援法による障害福祉サービスを利用する障害のある人を事業者や施設に利益をもたらす消費者として捉えられ、福祉利用者である障害のある人が担っている社会問題としての生活問題が看過されると言う矛盾が存在している。福祉利用者と言う用語は、一見、福祉利用者主体（消費者主体）の意向が反映されているような表現であるが、この用語を使用する場合、常に念頭に置かなければならない点は、障害のある人が担っている生活問題の社会問題性である[20]（何故ならば、社会問題としての生活問題の「社会」は、現代資本主義的生産関係に見られるように、経済的必然性によってもたらされる問題と言う意味である）。人権保障としての生存権的平等が、社会問題としての生活問題を前提条件としているのは言うまでもないが、この点の認識が曖昧なものになってしまうと、国（地方自治体も含む）の公的責任も曖昧になってしまう。また、障害のある人の総合支援法による障害福祉サービス制度は、障害のある人を一方的かつ単なる消費者として捉えている。果たしてそのような関係のみに捉えるのが妥当であろうか。共同作業所における障害のある人の社会福祉労働の実践から示されているように、「我々の歴史は当初から『同じ人間としての人格の対等平等』関係

を大切にしてきたし、私たちの原点は、『障害者・家族の願いに応え』『障害者を主人公として』『仲間』として表現されるように、共に創る関係、共に困難を切り拓く関係であり、立場の違いや内部矛盾を内包しつつも、協力と共同関係、共感と信頼関係を基本として創られてきた歴史[21]」が存在していたように、単なる消費者との関係ではない。

　第2点は、障害のある人は総合支援法による障害福祉サービスを受けたい為に障害のある人になった訳でもないし、また障害のある人の総合支援法による障害福祉サービスを受けて初めて人間らしい健康で文化的な最低限度の生活が成就されるにもかかわらず、応益負担の構造が残っている。障害のある人の総合支援法では、「再び原則として応能負担を採用すること[22]」となったと述べているが、伊藤周平氏が指摘されているように「利用者補助方式を前提とするかぎり、理論的には、利用者負担をなしにするか（つまりは10割給付）、利用者負担を設定した場合には応益負担が原則となる。従って利用者補助方式、直接契約の仕組みを変えないかぎり、応益負担の原則の廃止は、少なくとも論理的にはありえない事になる[23]。」つまり、「障害者及び障害児が基本的人権を享有する個人としての尊厳にふさわしい日常生活又は社会生活を営むことができる」（障害のある人の総合支援法第1条）事を抑制し障害福祉サービスの使用価値の低下に繋がっているところに矛盾が存在している。

　第3点は、利用者負担は利用者本人が属している世帯の収入等の額に応じて負担する事になっているが、実質的に世帯（多くの場合は扶養義務者）の負担能力が問われるところに矛盾が存在している。と言うのは、障害のある人が福祉サービスを利用するのにあたって扶養義務者の意向を無視する事ができなくなり、また、障害のある人が扶養義務者から自立する事を抑制する事になり、自立した日常生活又は社会生活を営む事ができるようにしていく事と矛盾する事になる。

　第4点は、障害のある人の総合支援法では支給決定前にサービス利用計画を作成して、支給決定の判断にしているが、伊藤周平氏が指摘され

ているように、「障害程度区分にもとづく居宅介護費の国庫負担基準が残されるならば、支給決定に際しての財政的制約は解消されず、支給決定前にサービス利用計画を作成したところで、結局、障害程度区分にもとづく国庫負担金を事実上の上限とした範囲内でサービス利用計画が作成され、それにもとづいて支給決定される可能性が高い[24)]」と言う矛盾が存在する。

　第5点は、障害福祉サービスの使用価値を低下せしめる障害程度区分認定を障害のある人の総合支援法においても使用していると言う矛盾である。伊藤周平氏が指摘されているように、「この障害程度区分認定は、時間を基準とした判定ロジック、要介護認定の調査項目の多くを障害程度区分認定調査項目（106項目のうち73項目）にそのまま用い、一次判定にコンピュータ判定を導入するなど、介護保険の要介護認定をモデルにしたものである。そのため、介護保険の要介護認定と同様、知的障害者や精神障害者など、身体的自立度は高いが、いわゆる『見守り』などが必要な障害者が低く判定される傾向にあるとの批判が出されている。実際、知的障害者や精神障害者については、二次判定による一次判定結果の変更率が4割から5割以上にのぼっており、地域格差も大きくなっている[25)]」

　第6点は、障害のある人が人間らしい健康で文化的な最低限度の生活を行っていく上で必要な、しかも「障害者及び障害児が基本的人権を享有する個人としての尊厳にふさわしい日常生活又は社会生活を営むことができる」（障害のある人の総合支援法第1条）為に必要な福祉サービスを限定し、人間らしい健康で文化的な最低限度の生活や自立を抑制している点に矛盾が存在している。例えば、居宅介護は身体介護と家事支援とされ、移動支援（いわゆるガイドヘルパー）は給付対象から外され、地域生活支援事業に移行している。相談支援については、障害福祉サービス事業運営基準で「適切な相談及び助言を行う」とされているものの（厚労省令58号32条）、独立の報酬単価は設定されていない（相談支援

費はサービス利用計画作成費に包括されている)。そして、居宅介護等の報酬単価は、身体介護が4,020円(30分以上1時間未満)に対して、30分以上45分未満の家事支援は1,510円と半分以下の水準に抑制されている。しかも、短時間での集中的なサービス提供と言う趣旨から、身体介護で3時間、家事支援で1.5時間を超える部分については、市町村が特にやむをえない事情があると判断した場合以外は報酬が支給されず(特にやむおえない場合でも、30分当たり身体介護は2,540円、家事支援は1,440円と低い報酬となっている)、これでは長期滞在型の居宅介護は不可能となる。

第7点は、「市町村が支弁する費用のうち、障害福祉サービス費等負担対象額の百分の五十」(障害のある人の総合支援法第95条)を負担すると言う国の経費負担の義務化が明記されたけれども、障害のある人の総合支援法は公的責任を財政的責任に縮小している点に矛盾が存在している。芝田英明氏が指摘されているように、「事実、公的セクターである『国及び地方自治体は、福祉サービスを利用しようとする者が必要な情報を容易に得られるように、必要な措置を講ずるよう務めなければならない』(社会福祉法「以下、社福法と言う」第75条2項)、『国は、社会福祉事業の経営者が行う福祉サービスの質の向上のための措置を講ずるよう務めなければならない』(社福法第78条2項)として、わずかに社会福祉サービス利用に当たって2つの『努力義務』を課しているにすぎず、措置制度における『積極行政』から大幅に後退し、行政の関わりを消極化しようとしている[26]。」

第8点は、障害のある人の自立支援法の時代における基盤整備の不十分さが障害のある人の総合支援法実施以降も残存し、必要な福祉サービスが受給できないと言う矛盾が存在している。2002年3月末日を基準日に実施した「きょうされん」による「障害者のための社会資源の設置状況等についての調査」によれば、施設・事業所をすべて備える市町村は皆無であり、また、これらの施設・事業所がまったくない市町村が

14.9％もあると言う結果が明らかになっている。さらに施設・事業所別に見ると、通所型施設がない（73.0％）、グループホームがない（73.1％）、デイサービスがない（86.6％）、ショートステイがない（60.9％）となっている。こうした基盤整備の不十分さの結果、障害のある人の自立支援法と同様に行政的に障害のある人の意向が押さえ込まれる可能性がでてくる。

　第9点は、社会福祉労働者の剰余価値の搾取を高めていく為の「日払い方式」の報酬体系が障害のある人の総合支援法においても見直しされていないと言う矛盾が存在している。伊藤周平氏が尾上浩二氏の「『障害者自立支援法』見直し動向―今こそ一からの出直しを」（季刊福祉労働122号、2009年、124頁）を引用して指摘されているように、「多くの事業所では、日払い方式に対応するため、開所日数を増やしたり、利用者を増やすための努力を重ねているものの、減収となるところも多く、職員の賃金カットや退職者の不補充、パート化の促進などで対応せざるをえず、職員の労働条件が悪化している[27]。」また、「障害者及び障害児が基本的人権を享有する個人としての尊厳にふさわしい日常生活又は社会生活を営むことができる」（障害のある人の総合支援法第1条）」福祉サービスが限定あるいは水準の抑制が行われている状況下で、事業者が剰余価値（利潤）を高めていく為には社会福祉労働者に低賃金かつ劣悪な労働条件を強いると言う矛盾が存在する。ゼンセン同盟・日本介護クラフトユニオンの2000年6月から7月にかけての「介護事業従事者の就業実態調査」によれば、給与の支給形態は、時間給45.8％、月の固定給が45.1％である。時間給制では、1,000円台が41％ともっとも多く、1,500未満と合わせると70％に及ぶ。一方、月の固定給は、金額でもっとも多い層が150,000円から200,000円が53％、次いで200,000円から250,000円が23.3％、そして150,000未満が14.9％であった。また、通勤費については、一部負担が13.4％、無しが20.6％に及ぶ。業務に就くための移動時間については、有給が50％強に留まっている。待機時間に

ついては、有給が64.2％に留まっている（なお、待機時間については、登録ヘルパーの91.5％、パートヘルパーは57.3％が無給となっている）。報告書作成時間については33.5％が無給となっている。打ち合わせ時間については、20.3％が無給となっている。こうした賃金や労働条件の実態から言えることは、移動時間や待機時間などサービスに当然伴う時間について対価が支払われていないことが多く、拘束時間との関係からすると、実質的な給与は著しく劣悪と言わざるを得ない。そして、こうした劣悪な労働条件下では、質の低下した福祉サービスしか提供できないのではなかろうか。

(4) 障害のある人の総合支援法の課題

　以上のように障害のある人の総合支援法の中には対立的な要因、つまり総合支援法利用の障害のある人にとっての使用価値の要因と国家・総資本にとっての価値・剰余価値の要因が存在し、この対立的要因は一方では、お互いに他を予想しあい、制約しあっているが、しかも同時に他を否定しあい、排除しあっているという関係にあると言う矛盾対として統一（総合）されているが、これが障害のある人の総合支援法に内在している発展の原動力である。では前述の矛盾を打開し、剰余価値としての障害のある人の総合支援法を没落させ、障害のある人の多様な潜在能力に対応した必要充足の原理に基づいて使用価値を高めていく障害のある人の社会福祉の実践（労働）課題を考察していこう。
　第１点の障害のある人の社会福祉実践（障害のある人の社会福祉労働）の課題は、障害のある人の社会福祉は現代資本主義社会の生産様式（特に生産関係、つまり生産手段・生活手段が資本の所有にあり、その為に生産物【障害のある人の社会福祉に必要とされる財貨及びサービスも含めて】と言う富の私的取得が可能になると言う仕組）に絶対的に規定されているので、また障害のある人の社会福祉労働者は障害のある人

の社会福祉労働の為に必要な障害のある人の社会福祉労働諸条件（障害のある人の社会福祉施設及び障害のある人の社会福祉事業所等）から分離されているので（障害のある人の社会福祉労働者の労働力の商品化）、不破哲三氏が指摘されているように、「生産手段（福祉労働手段―挿入、筆者）を社会の手に移すことが、（現代資本主義社会における障害のある人の社会福祉労働内の使用価値と価値・剰余価値の矛盾対―挿入、筆者）の解決の合理的な仕方となる」（不破哲三『マルクスは生きている』平凡社、2001 年、155 頁）事が将来の課題となる。つまり、生産手段（障害のある人の社会福祉労働手段）を社会の手に移す事は、生産手段の社会化である。また聴濤弘氏も指摘されているように、「生産手段（障害のある人の社会福祉労働手段―挿入、筆者）の私的・資本主義的所有を社会的所有に転化することである。これは一過的な『立法的措置』によって樹立される側面と、生産関係の総体としての社会的所有を持続的に確立していく側面とがあり、それぞれ区別されなければならない。前者は法的形態であり、後者は経済的実態である。経済的実態の内容は一過的な行為によって労働者が生産手段の所有者になるというだけではなく、生産手段を労働者が管理・運営することができ、労働者が搾取から解放され生産の真の『主人公』になることを意味する。」（聴濤弘『マルクス主義と福祉国家』大月書店、2012 年、198-199 頁）そして、「社会主義社会の経済的民主主義を確立するために、生産手段の社会化の多様な具体的形態が考えられている。国家、地方自治体、協同組合、株式会社、労働組合、全社員自主管理等を基礎とする多様な所有形態が存在する」（聴濤、前掲書、149 頁）。そして、障害のある人の社会福祉労働諸条件（障害のある人の社会福祉施設及び障害のある人の社会福祉事業所等）の社会化後は、障害のある人の社会福祉労働は賃労働と言う疎外された姿態を脱ぎ捨て、大谷禎之介氏が指摘されている事を障害のある人の社会福祉労働に置き換えて考えてみると次のようなアソーシエイトした障害のある人の社会福祉労働の特徴を持つ。「①障害のある人の社会福祉労働

する諸個人が主体的、能動的、自覚的、自発的にアソーシエイトして行う障害のある人の社会福祉労働である。経済的に強制される賃労働は消滅している。②障害のある人の社会福祉労働する諸個人が社会福祉利用の障害のある人に直接的に対象化・共同化する社会的な障害のある人の社会福祉労働である。③障害のある人の社会福祉労働する諸個人が全障害のある人の社会福祉労働を共同して意識的・計画的に制御する行為である。社会福祉利用の障害のある人の生活活動（機能）の基盤である人間らしい健康で文化的な潜在能力の維持・再生産・発達・発揮の成就を目的意識的に制御すると言う人間的本質が完全に実現される。④協業・自治として行われる多数の障害のある人の社会福祉労働する諸個人による社会的労働である。社会的労働の持つ障害のある人の社会福祉労働力はそのまま彼かつ彼女らの障害のある人の社会福祉労働の社会的労働力として現れる。⑤社会福祉利用の障害のある人を普遍的な対象とし、協働・自治によって社会福祉利用の障害のある人を全面的に制御する障害のある人の社会福祉実践的行為、即ち障害のある人の社会福祉労働過程への科学の意識的適用である。⑥力を合わせて障害のある人の社会福祉労働過程と障害のある人の社会福祉従事者とを制御する事、また目的（社会福祉利用の障害のある人の人間らしい健康で文化的な潜在能力の維持・再生産・発達・発揮の成就）を達成する事によって、障害のある人の社会福祉実践者に喜びをもたらす人間的実践、類的行動である。だから障害のある人の社会福祉労働は諸個人にとって、しなければならないものではなくなり、逆になによりもしたいもの、即ち第一の生命欲求となっている。⑦障害のある人の社会福祉労働する諸個人が各自の個性と能力を自由に発揮し、全面的に発展させる行為である。障害のある人の社会福祉労働する諸個人が共同的社会的な活動のなかで同時に自己の個性を全面的に発揮し、発展させる事ができる障害のある人の社会福祉労働である事、これこそがアソーシエイトした障害のある人の社会福祉労働の決定的な人間的本質である」（基礎経済科学研究所編『未来社会を

展望する』大月書店、2010 年、17-18 頁)。それゆえアソーシエイトした障害のある人の社会福祉労働は、社会福祉利用の障害のある人にとって障害のある人の社会福祉労働の使用価値を高めていく事になる。しかもアソシエーション社会における社会的総労働生産物のうち次のものが控除されると指摘されている。「第一に、直接的に生産に属さない一般的な管理費用。第二に、学校、衛生設備などのような、諸欲求を共同でみたすためにあてられる部分。第三に、労働不能なものなどのための、要するに、こんにちのいわゆる公的な貧民救済にあたることのための基金」(マルクス／エンゲルス【後藤洋訳】『ゴータ綱領批判／エルフルト綱領批判』新日本出版、2000 年、26 頁)のように、障害のある人の社会福祉に必要な基金を社会的総労働生産物からあらかじめ差し引くとしている。

　第 2 点の障害のある人の社会福祉実践(障害のある人の社会福祉労働)の課題は、梅原英治氏が指摘されているように、「消費税がその逆進的負担構造のために所得再分配機能を低め」(梅原英治「財政危機の原因と、打開策としての福祉国家型財政」二宮厚美・福祉国家構想研究会編『福祉国家型財政への転換』大月書店、2013 年、140 頁)ているので、「消費税の増税によらず、所得税・法人税・資産課税を再生する」(梅原、前掲書、140 頁)事が課題である。「所得税では、総合・累進課税を追求し、税率については、後退させられてきた累進を少なくとも 1998 年水準（最高税率 75%）には回復する必要がある。2013 年度税制改正大綱では、所得税の最高税率について、現行 1800 万円超 40% を 2015 年度から 400 万円超 45% に引き上げたが、『所得再分配機能の回復』と呼ぶには不十分である。とりわけ配当所得・株式譲渡益に対する時限的軽減税率（2013 年末まで 10%）の適用をただちにやめて本則 20% に戻し、高額の配当・譲渡益に対してはさらに高い率を適用すべきである。」(梅原、前掲書、140-141 頁)「法人税では、2015 年からの税率引き下げ（30-25.5%）を中止し、研究開発税、連結内税制度などの大企業優遇措

置をやめることが必要である。そして独立課税主義に立脚して、法人の規模・負担能力・受益の度合いにもとづき適正な税負担を求める法人税制を確立すべきである（段階税率の導入や受取配当金不算入制度の廃止など）。移転価格やタックスヘイブン（軽課税国）などを利用した国際的租税回避は徹底的に防止しなければならない。」（梅原、前掲書、141頁）また聴濤弘氏が指摘されているように、「福祉の財源がないなら剰余価値から引き出せば良いのである。……。その上で若干具体的にみると現に大企業は250兆円もの内部留保（平成29年8月時点での内部留保が406兆2、500億円に達している―挿入、筆者）を持っている。いま社会保障給付費は94兆849億円である（2008年）。部門別では医療費29兆6,117億円、年金49兆5,443億円、福祉その他14兆9,289億円である。内部留保を引き出せるなら、社会保障の面でも非正規社員問題でも巨大な事ができる事は明瞭である。問題はどのようにして引き出せるかである。賃上げ等の経済的手段で引き出せる方法がある。しかし直接、財源を確保する為には内部留保が違法に蓄えられているものでない以上、内部留保に課税できるように税制を変える必要がある。」（聴濤弘著『マルクス主義と福祉国家』大月書店、2012年、162-163頁）さらに「福祉財源の確保の為に金融投機を規制する金融取引税（トービン税）の導入も緊急の課題である。トービン税の提唱者であるアメリカのノーベル賞受賞経済学者ジェームス・トービン氏の試算では、1995年時点のアメリカで為替取引に0.1％の税を掛けただけで3,120億ドルの税収が得られるとしている。」（聴濤、前掲書、163頁）また不公平な消費税を上げずに不公平な税制を見直す必要がある。「不公平な税制をただす会」が指摘されているように、不公平税制の是正によって「2017年度の増収資産額は国の税金で27兆3,343億円、地方税で10兆6,967億円、合計38兆310億円になっています。」（不公平な税制をただす会編『消費税を上げずに社会保障財源38兆円を生む税制』大月書店、2018年、100頁）これだけの不公平税制の是正額があれば、少なくとも障害のある人の社

会福祉財源としては十分であると思われる。

　第3点の障害のある人の社会福祉実践（障害のある人の社会福祉労働）の課題は、応益負担の構造の撤廃である。と言うのは、応益負担が導入された背景には国の財政難がある。「最低限度以上の水準を保障することは立法政策としては自由であるが、最低限度の水準は決して予算の有無によって決定されるものではなく、むしろこれを指導支配すべきものである[28]。」（朝日訴訟の1審判決）しかも「その具体的な内容は決して固定的なものではなく通常は絶えず進展向上しつつあるものであると考えられるが、それが人間としての生活の最低限度という一線を有する以上、理論的には特定の国における特定の時点においては一応客観的に決定すべきものであり、またしうるものであるということができよう[29]。」（朝日訴訟の1審判決）

　第4点の障害のある人の社会福祉実践（障害のある人の社会福祉労働）の課題は、障害程度区分認定の廃止である。その代替方法は、まず障害福祉サービスの必要な障害のある人に総合支援の具体的権利を認めた上で、総合支援の申請に対する市町村の応答義務を定め、総合支援の要否の認定調査によって障害福祉サービスの必要性の客観的要件を充足さえすれば、市町村行政の支給決定を待つことなく総合支援の受給権が発生し、市町村所属あるいは市町村に委託された指定相談支援事業に所属するケースワーカー、ケアマネージャ、相談支援専門員等が必要な総合支援法による障害福祉サービスの種類と量を決定しサービス利用計画書を作成し、その内容が決定される。支給は、このサービス利用計画書を市町村に提出してからすぐに可能とし、市町村審査会はこのサービス利用計画書を認定及び修正する機関とする。

　第5点の障害のある人の社会福祉実践（障害のある人の社会福祉労働）の課題は、給付対象者の拡大である。介護給付の行動援護や重度訪問介護、重度障害のある人の包括支援の利用者は、障害程度区分が3以上の重度の障害のある人とされ、きわめて限定されている（ただし、市町村

が必要と認める場合には、区分が低くても利用できる場合がある)。訓練等給付では、訓練効果が見込めない障害のある人が利用対象から排除されている。また、自立支援医療と補装具の場合には、所得制限が設定されている。自立支援医療では、一定所得以上（市町村民税の所得額が200,000円以上）の場合には「重度かつ継続」に該当しないかぎり、給付の対象外となり医療保険の自己負担（原則3割）が適用される。それゆえ、公費負担医療の趣旨からすれば、所得制限は撤廃すべきであり、この撤廃が課題である。

第6点の障害のある人の社会福祉実践（障害のある人の社会福祉労働）の課題は、国及び市町村による障害のある人の障害福祉サービスの内容のチェックである。国及び市町村は、障害のある人の社会福祉を提供すべき責務を負担する者として、国及び市町村自らがその障害のある人の障害福祉サービスをチェックし、障害のある人の障害福祉サービスの質の確保を図るべきである。また、国及び都道府県知事、政令指定都市の長などは、社会福祉法により、社会福祉法人や社会福祉事業を営む者、または指定施設、事業者に対し、必要と思われる事項について報告を求める等の権限がある。この行政監査は、単に設備及び運営の基準等法令の遵守や、会計の監査に留まる事なく、当該施設・事業者が障害のある人に対して障害福祉サービスを適切に提供しているか否かをも監査する事も求められている。

第7点の障害のある人の社会福祉実践（障害のある人の社会福祉労働）の課題は、障害のある人の総合支援法（第5条17項）では市町村が相談支援事業を適切に実施していく為に「地域自立支援協議会」を設ける事が示されているが、寧ろそれよりも小・中学校校区ごとに基幹相談支援センターの設置が重要であり、その設置である。障害のある人の生活支援の全般に亘って必要なサービスに結びつける為に、情報提供やアセスメント、エンパワーメントやアドボカシーの支援を行う基幹相談支援センターが必要である。この基幹相談支援センターは、国・市町村の責

任と負担において、権利擁護の為の基幹相談支援センターを小・中学校校区ごとに設置し、ソーシャルワーカーや相談支援専門員を軸に、弁護士、社会福祉士、介護福祉士、医師・保健師・看護師、ケアマネージャ、建築家等の各専門家やボランティアが相談に応じ、1カ所で生活支援全般に必要な相談と支援を行う体制を構築する必要がある。

第8点の障害のある人の社会福祉実践（障害のある人の社会福祉労働）の課題は、アウトリーチ（積極的訪問・介入）による支援体制と措置制度の活用である。障害のある人は、心身の障害によって社会生活上の行動に大きな制限がある為、自ずと情報取得能力に限界が生じ、多様なサービス提供のメニューや手続きについて十分な情報を得る事が難しく、サービス利用から取り残され易い。こうした自らサービス利用を求め、決定する事の困難な利用阻害状況にある障害のある人へのセーフティネットとして、国及び地方自治体は、福祉事務所などの公的機関を中心としたアウトリーチの支援体制を確立すると伴に、積極的な措置制度の活用を図るべきである。

第9点の障害のある人の社会福祉実践（障害のある人の社会福祉労働）の課題は、契約書締結の義務づけと説明責任の実施である。法令上、サービス利用契約であっても、契約の一般原則どおり口答で足り、特に契約書を作成するまでの義務はない事になっている。しかし、障害のある人の権利は契約によって具体化される事を考えれば、契約書の締結は絶対に必要な事と言うべきである。他方、施設・事業者にとっても、契約書は提供するサービスの内容を明確にし、そのサービスの質を一定基準に維持する役割を果たし、また、サービスの提供内容について障害のある人の誤解を避ける重要な機能を果たす。さらに、障害のある人が契約するにあたって、事業者は障害のある人が事業者に対しどのような権利を有するか、苦情の申し出先や窓口、電話番号等を契約書や重要事項説明書で明記する事及び事業者の説明を義務づける事が必要である。

第10点の障害のある人の社会福祉実践（障害のある人の社会福祉労働）

の課題は、各市町村にサービス利用契約書のチェック権限をもたす事である。障害のある人の総合支援法における契約制度においては、自己選択や自己決定の名の下に判断力の不十分な障害のある人の権利の保障が低下する懸念があり、行政の役割と責任が明確にされなければならない。市町村は、地域福祉推進の責任者として、障害のある人の権利を擁護する為にサポートし、サービス提供事業者を指定し、指導監督する義務があるが、この責務を利用契約書のチェック権限も含むと理解するのが妥当である。

第11点の障害のある人の社会福祉実践（障害のある人の社会福祉労働）の課題は、事業者責任の明確化である。と言うのは、社会福祉法は社会福祉事業者に対し、契約に際しての一定の義務を定めている。社会福祉事業者は契約の内容及び履行に関する事項について障害のある人に説明するよう努めなければならない（社会福祉法第76条）。契約が成立した時は、経営者の名称、主たる事務所の所在地、サービスの内容、福祉利用者が支払うべき額、その他厚労省令で定める事項を記載した書面を交付しなければならないとされている（社会福祉法第77条）。従って、障害のある人の総合支援法によるサービス利用契約においても、事業者の義務が生じる事になる。

第12点の障害のある人の社会福祉実践（障害のある人の社会福祉労働）の課題は、具体的なサービス提供基準の確立である。現在の最低基準の中には、設備・職員配置や抽象的な規定に留まっているものが多い。具体的なサービスの質を確保する為には、具体的なサービスの最低基準を確立する必要がある。この点、イギリスの社会福祉施設運営基準では、かなり具体的な規定がなされている。例えば、「居住者の部屋が居間兼用かどうかに関係なく、すべての部屋には少なくとも快適な安楽椅子がひとつ、整理ダンスがひとつ、1人ひとり別になった洋服かけの場所、多用途のテーブル1つが備えられるべきである」、「必要な場合、電話、テレビを自室につけることが認められるべきであり、壁面を利用して絵や写真などをかけたり、飾りなどをつけたりすることが奨励されるべき

である」、「食事を一皿に全部盛って居住者に出すことは避けるべきである」等の具体的な規定がある[30]。

　第13点の障害のある人の社会福祉実践（障害のある人の社会福祉労働）の課題は、障害のある人の社会福祉の供給基盤の早急な整備である。国及び地方自治体は、障害のある人の自己選択や自己決定が可能となる十分な社会福祉の基盤整備を、各市町村の計画に基づき、公的責任と公的負担において行うべきである。また、障害のある人の福祉計画を実効あるものとする為にも、各市町村に障害のある人の福祉計画の具体的数値計画の策定と実施を義務づけ、抜本的な、障害のある人の社会福祉の拡充を図るべきである。

　第14点は、第11点とも関連しているが、障害のある人の社会福祉実践（障害のある人の社会福祉労働）の課題は、社会福祉労働者の量及び質の確保である。アマルティア・センサが前述において指摘されているように、福祉は福祉利用の障害のある人が実際に享受し人間らしい健康で文化的な生活を成就するものであるので、障害福祉サービスを実際に提供するのは、社会福祉労働者である。社会福祉労働者も人間である以上、1人当たり提供できる障害福祉サービスの量には、当然、限界がある。すると、障害福祉サービスの提供の仕方も中途半端になり、提供すらできない障害福祉サービスメニューが生じてしまう事にもなりかねない。また、社会福祉労働者にとっても、不十分な障害福祉サービスの提供を強いられる事により、当初持っていた障害のある人の社会福祉に対する熱意を失い、質の向上に対する意欲まで失ってしまう事も考えられる。このように、社会福祉労働者の量が不足する事は、障害福祉サービスの質の低下に結びついてしまうのである。

　第15点の障害のある人の社会福祉実践（障害のある人の社会福祉労働）の課題は、権利擁護のネットワークの確立である。障害福祉サービス利用を中心とした生活支援における権利擁護においては、生活全般を見通した継続的支援が必要になる事から、行政や市民を含む福祉・保健・

医療等に、弁護士・弁護士会や家庭裁判所等の司法も加わったネットワークの確立が必要であり、さらに個別の支援における連携と協同が求められている。そこで、各地に動き出しつつある権利擁護ネットワーク活動を全国に広め、地域の実情に合わせ、各地の弁護士・弁護士会と福祉・医療専門職や行政や市民、家庭裁判所等による多様なネットワークの確立と具体的な支援における福祉・医療専門職やNPO、当事者団体、地域住民等との連携と協同を強化すべきである。

　第16点の障害のある人の社会福祉実践（障害のある人の社会福祉労働）の課題は、福祉利用の障害のある人が社会福祉労働（社会福祉労働手段を含む）を効率的に享受し人間らしい健康で文化的な生活を成就する為にも、福祉利用の障害のある人の生活活動（機能）の基盤である潜在能力の顕在化（発揮）保障の確立と福祉教育等による機能的潜在能力の発達である。と言うのは、アマルティア・センが前述されているように、福祉は福祉利用の障害のある人が実際に成就するもの—彼／彼女の「状態」（being）はいかに「よい」（well）ものであるか—に関わっているものであるから、福祉利用の障害のある人の能動的・創造的活動（例えば、障害のある人の授産施設で一定の労働ができること等）の生活活動（機能）の基盤である潜在能力や受動的・享受活動（例えば、施設で出された食事を味わい適切な栄養摂取ができること等）の生活活動（機能）の基盤である潜在能力が重要となってくる。従って、福祉サービス（手段）そのものの不足・欠如のみの評価に固執するのではなく、さらに手段を目的（福祉利用の障害のある人が社会福祉を使用して人間らしい健康で文化的な生活活動（機能）の基盤である潜在能力＝抽象的人間生活力・抽象的人間労働力の維持・再生産・発達・発揮の享受及び成就）に変換する福祉利用の障害のある人の能動的・創造的活動と受動的・享受活動の生活活動（機能）の基盤である潜在能力の維持・再生産・発達・発揮の阻害（潜在能力の不足・欠如）にも注目していく必要がある。もし福祉利用の障害のある人にこれらの生活活動（機能）の基盤である潜

在能力の維持・再生産・発達・発揮の阻害（潜在能力の不足・欠如）があるならば、これらの機能的潜在能力の発達の為の学習活動や支援活動等が必要であり支援していく事が課題であるが、これらの機能的潜在能力の内容はアマルティア・センの共同研究者であるマーサC. ヌスバウム氏の指摘が参考になる。つまり、マーサC. ヌスバウム氏は、機能と密接な関係があるケイパビリティ（潜在能力）を次のように指摘している。「①**生命**（正常な長さの人生を最後まで全うできること。人生が生きるに値しなくなる前に早死にしないこと）、②**身体的健康**（健康であること【リプロダクティブ・ヘルスを含む】。適切な栄養を摂取できていること。適切な住居にすめること）、③**身体的保全**（自由に移動できること。主権者として扱われる身体的境界を持つこと。つまり性的暴力、子どもに対する性的虐待、家庭内暴力を含む暴力の恐れがないこと。性的満足の機会および生殖に関する事項の選択の機会を持つこと）、④**感覚・想像力・思考**（これらの感覚を使えること。想像し、考え、そして判断が下せること。読み書きや基礎的な数学的訓練を含む【もちろん、これだけに限定されるわけではないが】適切な教育によって養われた〝真に人間的な〟方法でこれらのことができること。自己の選択や宗教・文学・音楽などの自己表現の作品や活動を行うに際して想像力と思考力を働かせること。政治や芸術の分野での表現の自由と信仰の自由の保障により護られた形で想像力を用いることができること。自分自身のやり方で人生の究極の意味を追求できること。楽しい経験をし、不必要な痛みを避けられること）、⑤**感情**（自分自身の周りの物や人に対して愛情を持てること。私たちを愛し世話してくれる人々を愛せること。そのような人がいなくなることを嘆くことができること。一般に、愛せること、嘆けること、切望や感謝や正当な怒りを経験できること。極度の恐怖や不安によって、あるいは虐待や無視がトラウマとなって人の感情的発達が妨げられることがないこと【このケイパビリティを擁護することは、その発達にとって決定的に重要である人と人との様々な交わりを擁護す

ることを意味している】）、⑥**実践理性**（良き生活の構想を形作り、人生計画について批判的に熟考することができること【これは、良心の自由に対する擁護を伴う】）、⑦**連帯**（**Ａ**　他の人々と一緒に、そしてそれらの人々のために生きることができること。他の人々を受け入れ、関心を示すことができること。様々な形の社会的な交わりに参加できること。他の人の立場を想像でき、その立場に同情できること。正義と友情の双方に対するケイパビリティを持てること【このケイパビリティを擁護することは、様々な形の協力関係を形成し育てていく制度を擁護することであり、集会と政治的発言の自由を擁護することを意味する】　**Ｂ**　自尊心を持ち屈辱を受けることのない社会的基盤をもつこと。他の人々と等しい価値を持つ尊厳のある存在として扱われること。このことは、人種、性別、性的傾向、宗教、カースト、民族、あるいは出身国に基づく差別から護られることを最低限含意する。労働については、人間らしく働くことができること、実践理性を行使し、他の労働者と相互に認め合う意味のある関係を結ぶことができること）、⑧**自然との共生**（動物、植物、自然界に関心を持ち、それらと拘わって生きること）、⑨**遊び**（笑い、遊び、レクリエーション活動を楽しむこと）。⑩**環境のコントロール**（**Ａ政治的**　自分の生活を左右する政治的選択に効果的に参加できること。政治的参加の権利を持つこと。言論と結社の自由が護られること。**Ｂ物質的**　形式的のみならず真の機会という意味でも、【土地と動産の双方の】資産を持つこと。他の人々と対等の財産権を持つこと。他者と同じ基礎に立って、雇用を求める権利を持つこと。不当な捜索や押収から自由であること）」（Martha C. Nussbaum（池本幸生・その他訳）『女性と人間開発―潜在能力アプローチ―』岩波書店、2005 年、92-95 頁）。そして、機能的潜在能力の発達の学習活動や支援活動等の実践例として次のような障害のある人の福祉施設（社会福祉法人大木会「あざみ寮」）での社会福祉労働が挙げられる。「単に『生きているだけ』ではなく『人間らしく生きる』ことが求められているのはいうまでもありません。人

間らしく生きるために、憲法では多くの権利を保障しています。この人間らしく生きる権利の一つに『学ぶ』権利があります。どんなに障害が重くても学ぶ権利があるのです、……学ぶことは、人間らしく生きること、さらにより豊かに生きることを、障害の重い人たちの分野でも証明しているのです。」(橋本佳博・その他『障害をもった人たちの憲法学習』かもがわ出版、1997年、42頁) つまり、障害のある人の社会福祉労働においては、人間らしい健康で文化的な生活活動（機能）の基盤である潜在能力（抽象的人間生活力・抽象的人間労働力）の維持・再生産・発達・発揮が享受あるいは成就できる総合支援法も含めた社会福祉の法制度・施設等の量的及び質的保障の側面（福祉政策的実践＝労働）と障害のある人の社会福祉の特性（固有価値）を活かして、福祉利用の障害のある人が人間らしい健康で文化的な生活活動（機能）の基盤である潜在能力（抽象的人間生活力・抽象的人間労働力）の維持・再生産・発達・発揮が享受及び成就できる生活活動（福祉利用者の能動的・創造的生活活動と受動的・享受的生活活動の潜在能力の発揮）の支援の側面（福祉臨床的実践＝労働）の統一的実践（労働）が課題である。

　以上の課題を達成していく為にも、障害のある人の社会福祉における具体的権利規定の法制化が課題である。と言うのは、社会福祉事業から「社会福祉法への改正による基本的な問題点の一つとして、この改革が、利用者の権利制を明確にし、選択や自己決定を保障するものとされながら、そしてそのための権利擁護の諸制度を創設したとされながら、社会福祉法上の規定として、福祉サービス利用者の権利性を明確に定めた規定が一切ないという根本的欠陥がある[31]。」また、障害のある人の総合支援法を初めとした障害のある人の福祉関連諸法にも、福祉利用の障害のある人の権利性を規定する規定が盛り込まれなかったという問題がある。それ故、次のような具体的権利の法制化が課題である。つまり、河野正輝氏が指摘されているように、「(1) 給付請求の権利（給付の要否や程度は、行政庁の一方的な裁量によって左右されるのではなく、社

会福祉の必要性の有する人々の請求権に基づいて決定される。そして、給付請求権を権利として受給できるためには、①給付を申請することができる事、②適切な基準を満たした給付内容を求めることができる事、③いったん決定された給付を合理的な理由なく廃止されないこと等の規範的要素が満たさなければならない）、(2) 支援過程の権利（社会福祉の支援過程で誤ったケアや虐待等が行われない事が重要である。その為には、①福祉サービスの種類・内容及びこれを利用する時の権利と義務について知る権利、②自己の支援方針の決定過程に参加する権利、③福祉施設利用者の場合、自治会活動を行い、それを通じて福祉施設の管理運営及び苦情解決に参加する権利、④拘束や虐待等の危害・苦役からの自由の権利、⑤通信・表現・信教の自由の権利、⑥プライバシーの権利、⑦貯金・年金など個人の財産の処分について自己決定の権利等が保障される事）、(3) 費用負担の免除の権利（社会福祉の必要性によって誰でも普遍的に給付請求権が保障される為には、一定の所得以下で社会福祉を必要としながら、それに要する費用を負担できない人々に対して負担の免除が伴うのでなければならない。従って、①免除を申請する事ができる事、②免除の決定処分を求める事ができる事、③予め定められた徴収基準に反する徴収額に対してはその取り消しを求める事ができる等が当然に求められなければならない）、(4) 救済争訟の権利（社会福祉の給付の内容や費用負担の額等を巡って権利が侵害された時、苦情の申し立て、不服申し立てや訴訟を提起して救済を求める事が保障されなければならない。現行では社会福祉法による苦情解決から、社会保険審査官及び社会保険審査会法、行政不服審査法及び行政事件訴訟法等がある。行政処分に対する不服審査や訴訟等の手段は厳格な手続きを必要とするので、支援過程の苦情解決には必ずしも適さない場合もある。そこでオンブズマン方式等の苦情解決の取り組みが広がりつつある）の４つの権利[32]」の下に、国及び地方自治体（都道府県、市町村）の財政責任及び運営責任の下での公的責任を担保した上で、市町村が直接、障害のあ

る人の多様な潜在能力に対応した必要充足の原理に基づいて社会福祉を提供していく現物給付型の仕組みを構築していく事が課題である。

そして、今後、市町村を中心とした地方主権型福祉社会が重要であるならば、地方主権型福祉社会の財政（財源）的基盤となる地方主権的財政（財源）システムを構築していく事が課題となる。それには、次のような方法による地方主権的財政（財源）システムの構築が可能である[33]。

例えば、神野直彦氏が指摘されているように、「比例税率で課税される比例所得税を、地方税体系の基幹税に据える事は日本では容易である。つまり、個人住民税を10％の比例税にした結果をシュミレーションして見ると、国税の所得税から地方税の個人住民税に3兆円の税源移譲が実現する。しかし、地方税体系としては、比例的所得税を基幹税とするだけでは不十分である。と言うのは、比例的所得税では、所得を受け取った地域でしか課税できないし、他の市町村に居住している人々で、その市町村で事業を営む人々、あるいは事業所に働きに来る人々にも課税できないので不十分である。なぜならば、むしろ居住者よりも事業活動をしている人々や働いている人々の方が、市町村の公共サービスを多く利用している。そこで所得の分配地で分配された所得に比例的に課税するだけでなく、所得の生産局面で課税する地方税として事業税が存在しているので、事業税を所得型付加価値税（IVA「所得型付加価値税」＝C「消費」＋I「投資」－D「減価償却費」＝GNP「国民総生産」－D＝NNP「国民純生産」＝W「賃金＋利子＋地代」＋P「利潤」）に改めることによる「事業税の外形標準化」として実現する。事業税を所得型付加価値税に改めれば、事業税が事業活動に応じた課税となる。そうなると市町村は、公共サービスによって地域社会の事業活動を活発化すればするほど、安定的な財源が確保できる。

さらに地方税体系は、こうした所得の生産局面に比例的に課税される地方税を追加しただけでも不十分である。と言うのは、所得の生産局面での課税では、その市町村で生産活動を行う人々にしか課税されないか

らである。市町村には生産活動だけではなく、観光地や別荘地に見られるように、消費活動を行いに来る人々も市町村の公共サービスを利用しているので、消費に比例した負担を拡充することが必要である。つまり、日本では、現在、こうした地方税としての地方消費税が存在しているので、この消費税のウエイトを拡充することが必要である[34]。」

このように「地方税では所得循環の生産・分配・消費と言う3つの局面でバランスをとって課税する必要があり[35]」、こうした地方税体系を構築していく事が障害のある人の社会福祉の財源の税方式にとって必要であり課題でもある。そして、こうした地方税体系でもってしても、人間らしい健康で文化的な最低限度の生活保障である社会福祉の推進の財政（財源）に市町村間の格差が発生した場合、国の地方交付税によって是正していく事が必要となる。

そして、障害のある人の社会福祉サービス財政の削減・圧縮・抑制と障害のある人の社会福祉法制度の改悪に反対する民主統一戦線の結成である。障害のある人の社会福祉の発展を図り障害のある人にとっての社会福祉の使用価値を高めていく為には、富沢賢治氏が指摘されているように、「国家独占資本主義の手にゆだねて矛盾の増大を許すか、あるいは民主義的な手続きにもとづいて[36]」障害のある人の社会福祉の歪みを正し、障害のある人の人間的欲求に見合った障害のある人の社会福祉の発展を図っていく必要がある。民主的な統一戦線を結成する為には、障害のある人及び社会福祉労働者を中心とする「労働者階級が中心的な社会的勢力として主導的な役割を果たし[37]」、「労働者階級の階級的民主統一戦線が不可欠の条件となる[38]。」が、「第一に、要求にもとづく統一行動の発展が必要である。統一行動発展の基本原則は、①一致点での統一、②自主性の統一、③対等・平等と民主的運営、④統一を妨げる傾向にたいする適切な批判、⑤分裂・挑発分子を参加させないことである。第二に、統一行動の繰り返しだけではなく、政策協定と組織協定にもとづいた全国的規模の統一戦線を結成することが必要である[39]。」

【注】
1) 日本弁護士連合会人権擁護委員会編『障害のある人の人権と差別禁止法』明石書店、2002年、5-6頁。
2) 平野方紹「障害者自立支援法から障害者総合支援法までの経緯」（大島巌・その他編『障害者に対する支援と障害者自立支援制度』ミネルヴァ書房、2013年、106頁）。
3) 平野、前掲書、106頁。
4) 平野、前掲書、107頁。
5) 本人による申請が困難な場合、第三者の代行や代理人の申請も可能となる。したがって成年後見制度の活用なども視野に入れておくことが重要である。
6) 『社会保障の手引き』（平成24年版）中央法規出版、2012年、112-114頁。
7) アマルティア・セン（鈴村興太郎訳）『福祉の経済学』岩波書店、1988年、15頁。
8) セン、前掲書、21-22頁。
9) 社会福祉労働における共同化を考える場合、次のような指摘に留意することが重要である。「保育労働は子どもの人権・発達保障をテーマにした精神代謝労働のひとつであり、コミュニケーション労働の一種です。保育をひとつの労働過程としてとらえた場合、保育士がその労働主体となってあらわれますが、保育士と子どもたちとのコミュニケーション過程の面からみると、発達・保育ニーズの発信主体は子どもたちであり、保育士は子どもたちとの了解・合意を前提にして、ひとつの共受関係に入ります。共受かんけいとは、保育士が子どもたちの発達を担うと同時に自ら発達するという関係、お互いがお互いの発達を受け合い、共に享受するという関係のことです。これは看護の労働に似ています。看護の看という字はしばしば指摘されてきたように、手と目という文字を結びつけたもので、看護士は手と目によって患者に働きかける、すなわちコミュニケーションを媒介にして患者に接します。看護士は、その動作や表情や言葉で働きかけ、患者を励まし、その潜在的な能力を引き出して病気を克服する手助けをします。これと同様に、保育士も子どもたちの潜在的な能力に非言語および言語的コミュニケーションを媒介にして働きかけ、その能力を顕在化させる仕事に従事しているわけです。」（二宮厚美著『自治体の公共性と民間委託─保育・給食労働の公共性と公務労働─』自治体研究社、2000年、122頁）。
10) 1959年度版『厚生白書』、13頁。
11) 一定の運動のなかで自己を増殖する価値。資本の基本的形態は産業資本であり、生産手段の私的所有にもとづいて資本家が賃労働者を搾取する生産関係である（社会科学辞典編集委員会編『社会科学辞典』新日本出版社、1967年、123-124頁）。
12) 新しい機械の採用などによって平均水準以上の生産力をもつようになった資本家が手にいれる、ふつうより多い剰余価値のこと。この資本家の商品の個別価値は社会的価値より低いが、資本家はその商品を社会的価値を基準にして売ることができるから、ふつうより多くの剰余価値（特別剰余価値）をえる（社会科学辞典編集委員会編、前掲

書、233頁）。
13）カール・マルクス,岡崎次郎訳、前掲書③、217頁。
14）カール・マルクス,岡崎次郎訳、前掲書③、239-240頁。
15）カール・マルクス,岡崎次郎訳、前掲書③、241頁。
16）流動的過剰人口は、一時的失業者である（宮川実著『マルクス経済学辞典』青木書店、1965年、190頁）。
17）潜在的過剰人口は、没落していく小生産者ことに農民である（宮川実著『マルクス経済学辞典』青木書店、1965年、190頁）。
18）停滞的過剰人口は、定職を失いきわめて不規則につけるだけの者である（宮川実著『マルクス経済学辞典』青木書店、1965年、190頁）。
19）特に障害のある人の雇用率（労働力の使用権を販売できない人々の率）が低い。ちなみにその雇用率を見ると、「2011年6月1日の障害者雇用状況は、民間企業の法定雇用率達成企業の割合は45.3%であり、54.7%が達成していない（財団法人厚生統計協会編『国民の福祉と介護の動向・厚生の指標』増刊・第59巻第10号・通巻925号、2010年、135頁）。このために、生活保護を受給しなければ、障害のある人々の人間らしい健康で文的な生命・抽象的人間労働力の維持・再生産・発達は不可能である。ちなみに生活保護の受給実態を見ると、「生活保護を受けている傷病・障害者世帯は全体の33.1%にあたる。」（財団法人厚生統計協会編『国民の福祉と介護の動向・厚生の指標』増刊・第59巻第10号・通巻925号、2010年、188-190頁）
20）拙稿「社会福祉政策の対象論」（『岐阜大学地域科学部研究報告』第11号、2002年）。
21）鈴木清覚「社会福祉法人制度の『規制緩和』と支援費制度」（障害者問題研究編集委員会編『障害者問題研究』第30巻第4号、2003年、26頁）。
22）福祉行政法令研究会著『障害者総合支援法がよ〜くわかる本』株式会社秀和システム、2012年、88頁。
23）伊藤周平著『保険化する社会福祉と対抗構想』山吹書店、2011年、27-28頁。
24）伊藤、前掲書、34頁。
25）伊藤、前掲書、35-36頁。
26）芝田英昭「福祉サービスの公的責任」（日本社会保障学会編『社会福祉サービス法』第3巻、法律文化社、2001年、46頁）。
27）伊藤、前掲書、38頁。
28）高野範城著『社会福祉と人権』創風社、2001年、51頁。
29）高野、前掲書、51頁。
30）英国・保健社会保障省老齢問題政策センター編（松井二郎訳）『施設ケアの実践綱領―英国の社会福祉施設運営基準―』響文社、1985年、51-54頁。
31）高野範城著『人間らしく生きる権利の保障』創風社、2002年、77頁。
32）河野正輝「生存権理念の歴史的展開と社会保障・社会福祉」（社会保障・社会福祉大

事典刊行委員会編『社会保障・社会福祉大事典』旬報社、2004年、482-486頁）。
33）地方税を拡充することへの反対論には、地方税を拡充すれば、財政力の地域間格差が拡大すると言う点にある。しかし、個人住民税の比例税率化で国税から地方税に税源移譲を実施すれば、国税と地方税とを合わせた税負担には変化がないけれども、地方税だけを見ると、低額所得者は増税となり、高額所得者は減税となる。そうだとすれば、低額所得者が多く居住する貧しい地方の地方税収入がより多く増加し、高額所得者が多く居住する豊かな地方の地方税収入がより少なく増加することになる。したがって、地方自治体間の財政力格差をむしろ是正しつつ、自主財源である地方税の拡充が可能なのである（神野直彦「3つの福祉政府と公的負担」（神野直彦・その他編『福祉政府への提言』岩波書店、1999年、298頁）。
34）神野直彦「3つの福祉政府と公的負担」（神野直彦・その他編『福祉政府への提言』岩波書店、1999年、266-314頁）。
35）神野、前掲書、301頁。
36）富沢賢治「社会変革論」（富沢賢治編『労働と生活』株式会社世界書院、1987年、86頁）。
37）富沢、前掲書、89頁。
38）富沢、前掲書、89頁。
39）富沢、前掲書、83頁。

●著者紹介

竹原　健二（たけはら　けんじ）

社会福祉研究者　1950年鹿児島県生まれ
著書
『障害者福祉の基礎知識』（筒井書房、単著）、『障害者の労働保障論』（擢歌書房、単著）『障害者福祉の理論的展開』（小林出版、単著）、『社会福祉の基本問題』（相川書房、単著）、『現代福祉学の展開』（草文社、単著）、『障害者問題と社会保障論』（法律文化社、単著）、『社会福祉の基本問題』（相川書房、単著）、『障害のある人の社会福祉学』（学文社、単著）、『保育原理』（法律文化社、編著）、『福祉実践の理論』（小林出版、編著）、『現代の社会福祉学』（小林出版、編著）、『現代地域福祉学』（学文社、編著）、『現代の障害者福祉学』（小林出版、編著）、『現代の社会福祉学』（小林出版、編著）、『現代障害者福祉学Ｊ』（学文社、編著）、『介護と福祉システムの転換』（未来社、共著）、『現代社会福祉学』（学文社、編著）『障害のある人の社会福祉学原論』（メディア・ケアプラス、単著）、『社会福祉学の探求』（小林出版、単著）、『社会福祉学の科学方法論』（本の泉社、単著）

にんげんかいはつ
人間開発シリーズⅠ

障害のある人の開発と自立（自律）のための社会福祉

2018年7月8日　初版　第1刷　発行

著　者　竹原　健二
発行者　新舩　海三郎
発行所　株式会社 本の泉社
〒113-0033　東京都文京区本郷 2-25-6
TEL：03-5800-8494　FAX：03-5800-5353
http://www.honnoizumi.co.jp
印刷　日本ハイコム株式会社　／　製本　株式会社村上製本所

ⓒ 2018，Kenji TAKEHARA　Printed in Japan
ISBN 978-4-7807-1697-9　C0036

※落丁本・乱丁本は小社でお取り替えいたします。定価はカバーに表示してあります。
　本書を無断で複写複製することはご遠慮ください。